Сергей
ЕСЕНИН

Стихотворения

Москва
2019

Сергей ЕСЕНИН

Стихотворения

Москва
2019

УДК 821.161.1-1
ББК 84(2Рос=Рус)6-5
Е82

В оформлении обложки серии
«Всемирная библиотека поэзии» использована
репродукция портрета поэта Сергея Есенина
из собрания Музея-усадьбы поэта в селе Константинове:
РИА Новости

Оформление серии «Всемирная библиотека поэзии»
И. Саукова

Оформление серии «Золотая серия поэзии»
А. Новикова

Есенин, Сергей Александрович.

Е82 Стихотворения / Сергей Есенин. — Москва : Эксмо, 2019. — 384 с.

ISBN 978-5-699-74734-4 (Всемирная библиотека поэзии)
ISBN 978-5-699-60748-8 (Золотая серия поэзии)

Стихи Есенина твердят наизусть и поют под гитару даже те, кто вообще-то стихов не читает, потому что Есенин не просто изумительный лирик, художник уникального, феноменального дара, он – певчая душа России, ее вешняя радость и вечная боль. Если Пушкин – России первая любовь, то Есенин ее последняя горькая страсть...

УДК 821.161.1-1
ББК 84(2Рос=Рус)6-5

ISBN 978-5-699-74734-4
ISBN 978-5-699-60748-8

© Оформление.
ООО «Издательство «Эксмо», 2019

Соловьиный рассвет

* * *

Не жалею, не зову, не плачу,
Все пройдет, как с белых яблонь дым.
Увяданья золотом охваченный,
Я не буду больше молодым.

Ты теперь не так уж будешь биться,
Сердце, тронутое холодком,
И страна берёзового ситца
Не заманит шляться босиком.

Дух бродяжий! ты все реже, реже
Расшевеливаешь пламень уст.
О моя утраченная свежесть,
Буйство глаз и половодье чувств.

Я теперь скупее стал в желаньях,
Жизнь моя, иль ты приснилась мне?
Словно я весенней гулкой ранью
Проскакал на розовом коне.

Все мы, все мы в этом мире тленны,
Тихо льется с кленов листьев медь...
Будь же ты вовек благословенно,
Что пришло процвесть и умереть.

1921

* * *

Не жалею, не зову, не плачу,
Все пройдет, как с белых яблонь дым.
Увяданья золотом охваченный,
Я не буду больше молодым.

Ты теперь не так уж будешь биться,
Сердце, тронутое холодком,
И страна березового ситца
Не заманит шляться босиком.

Дух бродяжий! ты все реже, реже
Расшевеливаешь пламень уст.
О моя утраченная свежесть,
Буйство глаз и половодье чувств.

Я теперь скупее стал в желаньях,
Жизнь моя! иль ты приснилась мне?
Словно я весенней гулкой ранью
Проскакал на розовом коне.

Все мы, все мы в этом мире тленны,
Тихо льется с кленов листьев медь...
Будь же ты вовек благословенно,
Что пришло процвесть и умереть.

1921

* * *

Я по первому снегу бреду.
В сердце ландыши вспыхнувших сил.
Вечер синею свечкой звезду
Над дорогой моей засветил.

Я не знаю — то свет или мрак?
В чаще ветер поет иль петух?
Может, вместо зимы на полях,
Это лебеди сели на луг.

Хороша ты, о белая гладь!
Греет кровь мою легкий мороз.
Так и хочется к телу прижать
Обнаженные груди берез.

О лесная, дремучая муть!
О веселье оснеженных нив!
Так и хочется руки сомкнуть
Над древесными бедрами ив.

1917

* * *

Там, где капустные грядки
Красной водой поливает восход,
Клененочек маленький матке
Зеленое вымя сосет.

1910

* * *

Вот уж вечер. Роса
Блестит на крапиве.
Я стою у дороги,
Прислонившись к иве.

От луны свет большой
Прямо на нашу крышу.
Где-то песнь соловья
Вдалеке я слышу.

Хорошо и тепло,
Как зимой у печки.
И березы стоят,
Как большие свечки.

И вдали за рекой,
Видно, за опушкой,
Сонный сторож стучит
Мертвой колотушкой.

1910

* * *

Выткался на озере алый свет зари.
На бору со звонами плачут глухари.

Плачет где-то иволга, схоронясь в дупло.
Только мне не плачется — на душе светло.

Знаю, выйдешь к вечеру за кольцо дорог,
Сядем в копны свежие под соседний стог.

Зацелую допьяна, изомну, как цвет,
Хмельному от радости пересуду нет.

Ты сама под ласками сбросишь шелк фаты,
Унесу я пьяную до утра в кусты.

И пускай со звонами плачут глухари.
Есть тоска веселая в алостях зари.

1910

* * *

Хороша была Танюша, краше не было в селе,
Красной рюшкою по белу сарафан на подоле.
У оврага за плетнями ходит Таня ввечеру.
Месяц в облачном тумане водит с тучами игру.

Вышел парень, поклонился кучерявой головой:
«Ты прощай ли, моя радость, я женюся на другой».
Побледнела, словно саван, схолодела, как роса.
Душегубкою-змеею развилась ее коса.

«Ой ты, парень синеглазый, не в обиду я скажу,
Я пришла тебе сказаться: за другого выхожу».
Не заутренние звоны, а венчальный переклик,
Скачет свадьба на телегах, верховые прячут лик.

Не кукушки загрустили — плачет Танина родня,
На виске у Тани рана от лихого кистеня.
Алым венчиком кровинки запеклися на челе,
Хороша была Танюша, краше не было в селе.

1911

* * *

Сыплет черемуха снегом,
Зелень в цвету и росе.
В поле, склоняясь к побегам,
Ходят грачи в полосе.

Никнут шелковые травы,
Пахнет смолистой сосной.
Ой вы, луга и дубравы, —
Я одурманен весной.

Радугой тайные вести
Светятся в душу мою.
Думаю я о невесте,
Только о ней лишь пою.

Сыпь ты, черемуха, снегом,
Пойте вы, птахи, в лесу.
По полю зыбистым бегом
Пеной я цвет разнесу.

1910

* * *

Заиграй, сыграй, тальяночка, малиновы меха.
Выходи встречать к околице, красотка, жениха.

Васильками сердце светится, горит в нем бирюза.
Я играю на тальяночке про синие глаза.

То не зори в струях озера свой выткали узор,
Твой платок, шитьем украшенный,
                              мелькнул за косогор.

Заиграй, сыграй, тальяночка, малиновы меха.
Пусть послушает красавица прибаски жениха.

1912

* * *

Край любимый! Сердцу снятся
Скирды солнца в водах лонных.
Я хотел бы затеряться
В зеленях твоих стозвонных.

По меже на переметке
Резеда и риза кашки.
И вызванивают в четки
Ивы, кроткие монашки.

Курит облаком болото,
Гарь в небесном коромысле.
С тихой тайной для кого-то
Затаил я в сердце мысли.

Все встречаю, все приемлю,
Рад и счастлив душу вынуть.
Я пришел на эту землю,
Чтоб скорей ее покинуть.

1914

* * *

Гой ты, Русь, моя родная,
Хаты — в ризах образа...
Не видать конца и края —
Только синь сосет глаза.

Как захожий богомолец,
Я смотрю твои поля.
А у низеньких околиц
Звонно чахнут тополя.

Пахнет яблоком и медом
По церквам твой кроткий Спас.
И гудит за корогодом
На лугах веселый пляс.

Побегу по мятой стежке
На приволь зеленых лех.
Мне навстречу, как сережки,
Прозвенит девичий смех.

Если крикнет рать святая:
«Кинь ты Русь, живи в раю!»
Я скажу: «Не надо рая,
Дайте родину мою».

1914

* * *

Я пастух, мои палаты —
Межи зыбистых полей.
По горам зеленым — скаты
С гарком гулких дупелей.

Вяжут кружево над лесом
В желтой пене облака.
В тихой дреме под навесом
Слышу шепот сосняка.

Светят зелено в сутёмы
Под росою тополя.
Я — пастух; мои хоромы —
В мягкой зелени поля.

Говорят со мной коровы
На кивливом языке.
Духовитые дубровы
Кличут ветками к реке.

Позабыв людское горе,
Сплю на вырублях сучья.
Я молюсь на алы зори,
Причащаюсь у ручья.

1914

* * *

Топи да болота,
Синий плат небес.
Хвойной позолотой
Взвенивает лес.

Тенькает синица
Меж лесных кудрей,
Темным елям снится
Гомон косарей.

По лугу со скрипом
Тянется обоз —
Суховатой липой
Пахнет от колес.

Слухают ракиты
Посвист ветряной...
Край ты мой забытый,
Край ты мой родной.

1914

* * *

Я снова здесь, в семье родной,
Мой край, задумчивый и нежный!
Кудрявый сумрак за горой
Рукою машет белоснежной.

Седины пасмурного дня
Плывут всклокоченные мимо,
И грусть вечерняя меня
Волнует непреодолимо.

Над куполом церковных глав
Тень от зари упала ниже.
О други игрищ и забав,
Уж я вас больше не увижу!

В забвенье канули года,
Вослед и вы ушли куда-то.
И лишь по-прежнему вода
Шумит за мельницей крылатой.

И часто я в вечерней мгле,
Под звон надломленной осоки,
Молюсь дымящейся земле
О невозвратных и далеких.

Июнь 1916

* * *

О товарищах веселых,
О полях посеребренных
Загрустила, словно голубь,
Радость лет уединенных.

Ловит память тонким клювом
Первый снег и первопуток.
В санках озера над лугом
Запоздалый окрик уток.

Под окном от скользких елей
Тень протягивает руки,
Тихих вод парагуш квелый
Курит люльку на излуке.

Легким дымом к дальним пожням
Шлет поклон день ласк и вишен.
Запах трав от бабьей кожи
На губах моих я слышу.

Мир вам, рощи, луг и липы,
Литии медовый ладан!
Все приявшему с улыбкой
Ничего от вас не надо.

1916

* * *

Запели тесаные дроги,
Бегут равнины и кусты.
Опять часовни на дороге
И поминальные кресты.

Опять я теплой грустью болен
От овсяного ветерка,
И на известку колоколен
Невольно крестится рука.

О Русь, малиновое поле
И синь, упавшая в реку,
Люблю до радости и боли
Твою озерную тоску.

Холодной скорби не измерить,
Ты на туманном берегу.
Но не любить тебя, не верить —
Я научиться не могу.

И не отдам я эти цепи,
И не расстанусь с долгим сном,
Когда звенят родные степи
Молитвословным ковылем.

<1916>

* * *

О красном вечере задумалась дорога,
Кусты рябин туманней глубины.
Изба-старуха челюстью порога
Жует пахучий мякиш тишины.

Осенний холод ласково и кротко
Крадется мглой к овсяному двору;
Сквозь синь стекла желтоволосый отрок
Лучит глаза на галочью игру.

Обняв трубу, сверкает по повети
Зола зеленая из розовой печи.
Кого-то нет, и тонкогубый ветер
О ком-то шепчет, сгинувшем в ночи.

Кому-то пятками уже не мять по рощам
Щербленый лист и золото травы.
Тягучий вздох, ныряя звоном тощим,
Целует клюв нахохленной совы.

Все гуще хмарь, в хлеву покой и дрема,
Дорога белая узорит скользкий ров...
И нежно охает ячменная солома,
Свисая с губ кивающих коров.

<1916>

* * *

Нощь и поле, и крик петухов...
С златной тучки глядит Саваоф.
Хлесткий ветер в равнинную синь
Катит яблоки с тощих осин.

Вот она, невеселая рябь
С журавлиной тоской сентября!
Смолкшим колоколом над прудом
Опрокинулся отчий дом.

Здесь все так же, как было тогда,
Те же реки и те же стада.
Только ивы над красным бугром
Обветшалым трясут подолом.

Кто-то сгиб, кто-то канул во тьму,
Уж кому-то не петь на холму.
Мирно грезит родимый очаг
О погибших во мраке плечах.

Тихо, тихо в божничном углу,
Месяц месит кутью на полу...
Но тревожит лишь помином тишь
Из запечья пугливая мышь.

<1916—1922>

* * *

Весна на радость не похожа,
И не от солнца желт песок.
Твоя обветренная кожа
Лучила гречневый пушок.

У голубого водопоя
На шишкоперой лебеде
Мы поклялись, что будем двое
И не расстанемся нигде.

Кадила темь, и вечер тощий
Свивался в огненной резьбе,
Я проводил тебя до рощи,
К твоей родительской избе.

И долго, долго в дреме зыбкой
Я оторвать не мог лица,
Когда ты с ласковой улыбкой
Махал мне шапкою с крыльца.

1916

* * *

Колокольчик среброзвонный,
Ты поешь? Иль сердцу снится?
Свет от розовой иконы
На златых моих ресницах.

Пусть не я тот нежный отрок
В голубином крыльев плеске,
Сон мой радостен и кроток
О нездешнем перелеске.

Мне не нужен вздох могилы,
Слову с тайной не обняться.
Научи, чтоб можно было
Никогда не просыпаться.

<1917>

* * *

Где ты, где ты, отчий дом,
Гревший спину под бугром?
Синий, синий мой цветок,
Неприхоженный песок.
Где ты, где ты, отчий дом?

За рекой поет петух.
Там стада стерег пастух,
И светились из воды
Три далекие звезды.
За рекой поет петух.

Время — мельница с крылом
Опускает за селом
Месяц маятником в рожь
Лить часов незримый дождь.
Время — мельница с крылом.

Этот дождик с сонмом стрел
В тучах дом мой завертел,
Синий подкосил цветок,
Золотой примял песок.
Этот дождик с сонмом стрел.

1917

* * *

Л. И. Кашиной

Зеленая прическа,
Девическая грудь.
О тонкая березка,
Что загляделась в пруд?

Что шепчет тебе ветер?
О чем звенит песок?
Иль хочешь в косы-ветви
Ты лунный гребешок?

Открой, открой мне тайну
Твоих древесных дум,
Я полюбил — печальный
Твой предосенний шум.

И мне в ответ березка:
«О любопытный друг,
Сегодня ночью звездной
Здесь слезы лил пастух.

Луна стелила тени,
Сияли зеленя.
За голые колени
Он обнимал меня.

И так, вдохнувши глубко,
Сказал под звон ветвей:
«Прощай, моя голубка,
До новых журавлей».

15 августа 1918

* * *

Не бродить, не мять в кустах багряных
Лебеды и не искать следа.
Со снопом волос твоих овсяных
Отоснилась ты мне навсегда.

С алым соком ягоды на коже,
Нежная, красивая, была
На закат ты розовый похожа
И, как снег, лучиста и светла.

Зерна глаз твоих осыпались, завяли,
Имя тонкое растаяло, как звук.
Но остался в складках смятой шали
Запах меда от невинных рук.

В тихий час, когда заря на крыше,
Как котенок, моет лапкой рот,
Говор кроткий о тебе я слышу
Водяных поющих с ветром сот.

Пусть порой мне шепчет синий вечер,
Что была ты песня и мечта,
Все ж, кто выдумал твой гибкий стан и плечи,
К светлой тайне приложил уста.

Не бродить, не мять в кустах багряных
Лебеды и не искать следа.
Со снопом волос твоих овсяных
Отоснилась ты мне навсегда.

<1916>

* * *

Вот оно, глупое счастье
С белыми окнами в сад!
По пруду лебедем красным
Плавает тихий закат.

Здравствуй, златое затишье
С тенью березы в воде!
Галочья стая на крыше
Служит вечерню звезде.

Где-то за садом, несмело,
Там, где калина цветет,
Нежная девушка в белом
Нежную песню поет.

Стелется синею рясой
С поля ночной холодок...
Глупое, милое счастье,
Свежая розовость щек!

1918

* * *

Я покинул родимый дом,
Голубую оставил Русь.
В три звезды березняк над прудом
Теплит матери старой грусть.

Золотою лягушкой луна
Распласталась на тихой воде.
Словно яблонный цвет, седина
У отца пролилась в бороде.

Я не скоро, не скоро вернусь.
Долго петь и звенеть пурге.
Стережет голубую Русь
Старый клен на одной ноге.

И я знаю, есть радость в нем
Тем, кто листьев целует дождь,
Оттого что тот старый клен
Головой на меня похож.

1918

***

Хорошо под осеннюю свежесть
Душу-яблоню ветром стряхать
И смотреть, как над речкою режет
Воду синюю солнца соха.

Хорошо выбивать из тела
Накаляющий песни гвоздь
И в одежде празднично белой
Ждать, когда постучится гость.

Я учусь, я учусь моим сердцем
Цвет черемух в глазах беречь,
Только в скупости чувства греются,
Когда ребра ломает течь.

Молча ухает звездная звонница,
Что ни лист, то свеча заре.
Никого не впущу я в горницу,
Никому не открою дверь.

1918

* * *

Закружилась листва золотая.
В розоватой воде на пруду
Словно бабочек легкая стая
С замираньем летит на звезду.

Я сегодня влюблен в этот вечер,
Близок сердцу желтеющий дол.
Отрок-ветер по самые плечи
Заголил на березке подол.

И в душе и в долине прохлада,
Синий сумрак как стадо овец.
За калиткою смолкшего сада
Прозвенит и замрет бубенец.

Я еще никогда бережливо
Так не слушал разумную плоть.
Хорошо бы, как ветками ива,
Опрокинуться в розовость вод.

Хорошо бы, на стог улыбаясь,
Мордой месяца сено жевать...
Где ты, где, моя тихая радость —
Все любя, ничего не желать?

1918

Внук купальской ночи

С. Есенин. 1915 г.

Впервые я увидал Есенина в Петербурге... Он показался мне мальчиком 15—17 лет. Кудрявенький и светлый, в голубой рубашке, в поддевке и сапогах с набором...

Через шесть-семь лет я увидел Есенина в Берлине, в квартире А.Н.Толстого. От кудрявого, игрушечного мальчика остались только очень ясные глаза, да и они как будто выгорели на каком-то слишком ярком солнце...

Я попросил его прочитать о собаке, у которой отняли и бросили в реку семерых щенят.

— Если вы не устали...

— Я не устаю от стихов... А вам нравится о собаке?

Я сказал ему, что, на мой взгляд, он первый в русской литературе так умело и с такой искренней любовью пишет о животных.

— Да, я очень люблю всякое зверье, — молвил Есенин задумчиво и тихо. И когда произнес последние строки:

> Покатились глаза собачьи
> Золотыми звездами в снег

на его глазах тоже сверкнули слезы.

После этих стихов невольно подумалось, что Сергей Есенин не столько человек, сколько орган, созданный природой исключительно для поэзии, для выражения неисчерпаемой «печали полей», любви ко всему живому в мире и милосердия...

Максим Горький

ПЕСНЬ О СОБАКЕ

Утром в ржаном закуте,
Где златятся рогожи в ряд,
Семерых ощенила сука,
Рыжих семерых щенят.

До вечера она их ласкала,
Причесывая языком,
И струился снежок подталый
Под теплым ее животом.

А вечером, когда куры
Обсиживают шесток,
Вышел хозяин хмурый,
Семерых всех поклал в мешок.

По сугробам она бежала,
Поспевая за ним бежать...
И так долго, долго дрожала
Воды незамерзшей гладь.

А когда чуть плелась обратно,
Слизывая пот с боков,
Показался ей месяц над хатой
Одним из ее щенков.

В синюю высь звонко
Глядела она, скуля,
А месяц скользил тонкий
И скрылся за холм в полях.

И глухо, как от подачки,
Когда бросят ей камень в смех,
Покатились глаза собачьи
Золотыми звездами в снег.

1915

* * *

Дымом половодье
Зализало ил.
Желтые поводья
Месяц уронил.

Еду на баркасе.
Тычусь в берега.
Церквами у прясел
Рыжие стога.

Заунывным карком
В тишину болот
Черная глухарка
К всенощной зовет.

Роща синим мраком
Кроет голытьбу...
Помолюсь украдкой
За твою судьбу.

1910

* * *

Матушка в купальницу по лесу ходила,
Босая с подтыками по росе бродила.

Травы ворожбиные ноги ей кололи,
Плакала родимая в купырях от боли.

Не дознамо печени судорга схватила,
Охнула кормилица, тут и породила.

Родился я с песнями в травном одеяле.
Зори меня вешние в радугу свивали.

Вырос я до зрелости, внук купальской ночи,
Сутемень колдовная счастье мне пророчит.

Только не по совести счастье наготове,
Выбираю удалью и глаза и брови.

Как снежинка белая, в просини я таю
Да к судьбе-разлучнице след свой заметаю.

1912

КОРОВА

Дряхлая, выпали зубы,
Свиток годов на рогах.
Бил ее выгонщик грубый
На перегонных полях.

Сердце не ласково к шуму,
Мыши скребут в уголке.
Думает грустную думу
О белоногом телке.

Не дали матери сына,
Первая радость не прок.
И на колу под осиной
Шкуру трепал ветерок.

Скоро на гречневом свее,
С той же сыновней судьбой,
Свяжут ей петлю на шее
И поведут на убой.

Жалобно, грустно и тоще
В землю вопьются рога...
Снится ей белая роща
И травяные луга.

1915

ЛИСИЦА

А.М.Ремизову

На раздробленной ноге приковыляла,
У норы свернулася в кольцо.
Тонкой прошвой кровь отмежевала
На снегу дремучее лицо.

Ей все бластился в колючем дыме выстрел,
Колыхалася в глазах лесная топь.
Из кустов косматый ветер взбыстрил
И рассыпал звонистую дробь.

Как желна, над нею мгла металась,
Мокрый вечер липок был и ал.
Голова тревожно подымалась,
И язык на ране застывал.

Желтый хвост упал в метель пожаром,
На губах — как прелая морковь...
Пахло инеем и глиняным угаром,
А в ощур сочилась тихо кровь.

<1915>

* * *

В том краю, где желтая крапива
    И сухой плетень,
Приютились к вербам сиротливо
    Избы деревень.

Там в полях, за синей гущей лога,
    В зелени озер,
Пролегла песчаная дорога
    До сибирских гор.

Затерялась Русь в Мордве и Чуди,
    Нипочем ей страх.
И идут по той дороге люди,
    Люди в кандалах.

Все они убийцы или воры,
    Как судил им рок.
Полюбил я грустные их взоры
    С впадинами щек.

Много зла от радости в убийцах,
    Их сердца просты.
Но кривятся в почернелых лицах
    Голубые рты.

Я одну мечту, скрывая, нежу,
    Что я сердцем чист.
Но и я кого-нибудь зарежу
    Под осенний свист.

И меня по ветряному свею,
По тому ль песку,
Поведут с веревкою на шее
Полюбить тоску.

И когда с улыбкой мимоходом
Распрямлю я грудь,
Языком залижет непогода
Прожитой мой путь.

1915

* * *

То не тучи бродят за овином
   И не холод.
Замесила Божья Матерь сыну
   Колоб.

Всякой снадобью она поила жито
   В масле.
Испекла и положила тихо
   В ясли.

Заигрался в радости младенец,
   Пал в дрему,
Уронил он колоб золоченый
   На солому.

Покатился колоб за ворота
   Рожью.
Замутили слезы душу голубую
   Божью.

Говорила Божья Матерь сыну
   Советы:
«Ты не плачь, мой лебеденочек,
   Не сетуй.

На земле все люди человеки,
   Чада.
Хоть одну им малую забаву
   Надо.

Жутко им меж темных
        Перелесиц,
Назвала я этот колоб —
        Месяц».

1916

* * *

* * *

За темной прядью перелесиц,
В неколебимой синеве,
Ягненочек кудрявый — месяц
Гуляет в голубой траве.

В затихшем озере с осокой
Бодаются его рога,
И кажется с тропы далекой —
Вода качает берега.

А степь под пологом зеленым
Кадит черемуховый дым
И за долинами по склонам
Свивает полымя над ним.

О сторона ковыльной пущи,
Ты сердцу ровностью близка,
Но и в твоей таится гуще
Солончаковая тоска.

И ты, как я, в печальной требе,
Забыв, кто друг тебе и враг,
О розовом тоскуешь небе
И голубиных облаках.

Но и тебе из синей шири
Пугливо кажет темнота
И кандалы твоей Сибири,
И горб Уральского хребта.

<1916>

* * *

Синее небо, цветная дуга,
Тихо степные бегут берега,
Тянется дым, у малиновых сел
Свадьба ворон облегла частокол.

Снова я вижу знакомый обрыв
С красною глиной и сучьями ив,
Грезит над озером рыжий овес,
Пахнет ромашкой и медом от ос.

Край мой! Любимая Русь и Мордва!
Притчею мглы ты, как прежде, жива.
Нежно под трепетом ангельских крыл
Звонят кресты безымянных могил.

Многих ты, родина, ликом своим
Жгла и томила по шахтам сырым.
Много мечтает их, сильных и злых,
Выкусить ягоды персей твоих.

Только я верю: не выжить тому,
Кто разлюбил твой острог и тюрьму...
Вечная правда и гомон лесов
Радуют душу под звон кандалов.

<1916>

* * *

О край дождей и непогоды,
Кочующая тишина,
Ковригой хлебною под сводом
Надломлена твоя луна!

За перепаханною нивой
Малиновая лебеда.
На ветке облака, как слива,
Златится спелая звезда.

Опять дорогой верстовою,
Наперекор твоей беде,
Бреду и чую яровое
По голубеющей воде.

Клубит и пляшет дым болотный...
Но и в кошме певучей тьмы
Неизреченностью животной
Напоены твои холмы.

<1916—1917>

* * *

Гляну в поле, гляну в небо,
И в полях и в небе рай.
Снова тонет в копнах хлеба
Незапаханный мой край.

Снова в рощах непасеных
Неизбывные стада,
И струится с гор зеленых
Златоструйная вода.

О, я верю — знать, за муки
Над пропащим мужиком
Кто-то ласковые руки
Проливает молоком.

15 августа 1917

* * *

Даль подернулась туманом,
Чешет тучи лунный гребень.
Красный вечер за куканом
Расстелил кудрявый бредень.

Под окном от скользких вётел
Перепёльи звоны ветра.
Тихий сумрак, ангел теплый,
Напоен нездешним светом.

Сон избы легко и ровно
Хлебным духом сеет притчи.
На сухой соломе в дровнях
Слаще мёда пот мужичий.

Чей-то мягкий лих за лесом,
Пахнет вишнями и мохом...
Друг, товарищ и ровесник,
Помолись коровьим вздохам.

Июнь 1916

* * *

Отвори мне, страж заоблачный,
Голубые двери дня.
Белый ангел этой полночью
Моего увел коня.

Богу лишнего не надобно,
Конь мой — мощь моя и креп.
Слышу я, как ржет он жалобно,
Закусив златую цепь.

Вижу, как он бьется, мечется,
Теребя тугой аркан,
И летит с него, как с месяца,
Шерсть буланая в туман.

1917

ПРОПАВШИЙ МЕСЯЦ

Облак, как мышь,
           подбежал и взмахнул
В небо огромным хвостом.
Словно яйцо,
          расколовшись, скользнул
Месяц за дальним холмом.

Солнышко утром в колодезь озер
Глянуло —
         месяца нет...
Свесило ноги оно на бугор,
Кликнуло —
           месяца нет.

Клич тот услышал с реки рыболов,
Вздумал старик подшутить.
Отраженье от солнышка
              с утренних вод
Стал он руками ловить.

Выловил.
          Крепко скрутил бечевой,
Уши коленом примял.
Вылез и тихо на луч золотой
Солнечных век
          привязал.

Солнышко к Богу глаза подняло
И сказало:
              «Тяжек мой труд!»
И вдруг солнышку
              что-то веки свело,
Оглянулося — месяц как тут.

Как белка на ветке, у солнца в глазах
Запрыгала радость...
              Но вдруг...
Луч оборвался,
и по скользким холмам
Отраженье скатилось в луг.

Солнышко испугалось...
              А старый дед,
Смеясь, грохотал, как гром.
И голубем синим
              вечерний свет
Махал ему в рот крылом.

<1917?>

* * *

Душа грустит о небесах,
Она не здешних нив жилица.
Люблю, когда на деревах
Огонь зеленый шевелится.

То сучья золотых стволов,
Как свечи, теплятся пред тайной,
И расцветают звезды слов
На их листве первоначальной.

Понятен мне земли глагол,
Но не стряхну я муку эту,
Как отразивший в водах дол
Вдруг в небе ставшую комету.

Так кони не стряхнут хвостами
В хребты их пьющую луну...
О, если б прорасти глазами,
Как эти листья, в глубину.

1919

* * *

Нивы сжаты, рощи голы,
От воды туман и сырость.
Колесом за сини горы
Солнце тихое скатилось.

Дремлет взрытая дорога.
Ей сегодня примечталось,
Что совсем, совсем немного
Ждать зимы седой осталось.

Ах, и сам я в чаще звонкой
Увидал вчера в тумане:
Рыжий месяц жеребенком
Запрягался в наши сани.

1917

* * *

Не напрасно дули ветры,
Не напрасно шла гроза.
Кто-то тайный тихим светом
Напоил мои глаза.

С чьей-то ласковости вешней
Отгрустил я в синей мгле
О прекрасной, но нездешней,
Неразгаданной земле.

Не гнетет немая млечность,
Не тревожит звездный страх.
Полюбил я мир и вечность,
Как родительский очаг.

Все в них благостно и свято,
Все тревожное светло.
Плещет рдяный мак заката
На озерное стекло.

И невольно в море хлеба
Рвется образ с языка:
Отелившееся небо
Лижет красного телка.

<1917>

Чую Радуницу Божью

* * *

Не ветры осыпают пущи,
Не листопад златит холмы.
С голубизны незримой кущи
Струятся звездные псалмы.

Я вижу — в просиничном плате,
На легкокрылых облаках,
Идет возлюбленная Мати
С Пречистым Сыном на руках.

Она несет для мира снова
Распять воскресшего Христа:
«Ходи, мой сын, живи без крова,
Зорюй и полднюй у куста».

И в каждом страннике убогом
Я вызнавать пойду с тоской,
Не Помазуемый ли Богом
Стучит берестяной клюкой.

И может быть, пройду я мимо
И не замечу в тайный час,
Что в елях — крылья херувима,
А под пеньком — голодный Спас.

1914

* * *

По дороге идут богомолки,
Под ногами полынь да комли.
Раздвигая щипульные колки,
На канавах звенят костыли.

Топчут лапти по полю кукольни,
Где-то ржанье и храп табуна,
И зовет их с большой колокольни
Гулкий звон, словно зык чугуна.

Отряхают старухи дулейки,
Вяжут девки косницы до пят.
Из подворья с высокой келейки
На платки их монахи глядят.

На вратах монастырские знаки:
«Упокою грядущих ко мне»,
А в саду разбрехались собаки,
Словно чуя воров на гумне.

Лижут сумерки золото солнца,
В дальних рощах аукает звон...
По тени от ветлы-веретенца
Богомолки идут на канон.

1914

* * *

Шел Господь пытать людей в любови,
Выходил он нищим на кулижку.
Старый дед на пне сухом в дуброве
Жамкал деснами зачерствелую пышку.

Увидал дед нищего дорогой,
На тропинке, с клюшкою железной,
И подумал: «Вишь, какой убогой, —
Знать, от голода качается, болезный».

Подошел Господь, скрывая скорбь и муку:
Видно, мол, сердца их не разбудишь...
И сказал старик, протягивая руку:
«На, пожуй... маленько крепче будешь».

1914

ОСЕНЬ

Р. В. Иванову

Тихо в чаще можжевеля по обрыву.
Осень, рыжая кобыла, чешет гриву.

Над речным покровом берегов
Слышен синий лязг ее подков.

Схимник-ветер шагом осторожным
Мнет листву по выступам дорожным

И целует на рябиновом кусту
Язвы красные незримому Христу.

1914

* * *

Сторона ль моя, сторонка,
Горевая полоса.
Только лес, да посолонка,
Да заречная коса...

Чахнет старая церквушка,
В облака закинув крест.
И забольная кукушка
Не летит с печальных мест.

По тебе ль, моей сторонке,
В половодье каждый год
С подожочка и котомки
Богомольный льется пот.

Лица пыльны, загорелы,
Веки выглодала даль,
И впилась в худое тело
Спаса кроткого печаль.

1914

* * *

Пойду в скуфье смиренным иноком
Иль белобрысым босяком
Туда, где льется по равнинам
Березовое молоко.

Хочу концы земли измерить,
Доверясь призрачной звезде,
И в счастье ближнего поверить
В звенящей рожью борозде.

Рассвет рукой прохлады росной
Сшибает яблоки зари.
Сгребая сено на покосах,
Поют мне песни косари.

Глядя за кольца лычных прясел,
Я говорю с самим собой:
Счастлив, кто жизнь свою украсил
Бродяжной палкой и сумой.

Счастлив, кто в радости убогой,
Живя без друга и врага,
Пройдет проселочной дорогой,
Молясь на копны и стога.

<1914—1922>

* * *

Сохнет стаявшая глина,
На сугорьях гниль опенок.
Пляшет ветер по равнинам,
Рыжий ласковый осленок.

Пахнет вербой и смолою,
Синь то дремлет, то вздыхает.
У лесного аналоя
Воробей псалтырь читает.

Прошлогодний лист в овраге
Средь кустов, как ворох меди.
Кто-то в солнечной сермяге
На осленке рыжем едет.

Прядь волос нежней кудели,
Но лицо его туманно.
Никнут сосны, никнут ели
И кричат ему: «Осанна!»

1914

* * *

Чую радуницу Божью —
Не напрасно я живу,
Поклоняюсь придорожью,
Припадаю на траву.

Между сосен, между елок,
Меж берез кудрявых бус,
Под венком, в кольце иголок,
Мне мерещится Исус.

Он зовет меня в дубровы,
Как во царствие небес,
И горит в парче лиловой
Облаками крытый лес.

Голубиный дух от Бога,
Словно огненный язык,
Завладел моей дорогой,
Заглушил мой слабый крик.

Льется пламя в бездну зренья,
В сердце радость детских снов.
Я поверил от рожденья
В Богородицын покров.

1914

* * *

Троицыно утро, утренний канон,
В роще по березкам белый перезвон.

Тянется деревня с праздничного сна,
В благовесте ветра хмельная весна.

На резных окошках ленты и кусты.
Я пойду к обедне плакать на цветы.

Пойте в чаще, птахи, я вам подпою,
Похороним вместе молодость мою.

Троицыно утро, утренний канон.
В роще по березкам белый перезвон.

1914

* * *

Алый мрак в небесной черни
Начертил пожаром грань.
Я пришел к твоей вечерне,
Полевая глухомань.

Нелегка моя кошница,
Но глаза синее дня.
Знаю, мать-земля черница,
Все мы тесная родня.

Разошлись мы в даль и шири
Под лазоревым крылом.
Но сзовет нас из псалтыри
Заревой заре псалом.

И придем мы по равнинам
К правде сошьего креста
Светом книги Голубиной
Напоить свои уста.

<1915>

* * *

За горами, за желтыми долами
Протянулась тропа деревень.
Вижу лес и вечернее полымя,
И обвитый крапивой плетень.

Там с утра над церковными главами
Голубеет небесный песок,
И звенит придорожными травами
От озер водяной ветерок.

Не за песни весны над равниною
Дорога мне зеленая ширь —
Полюбил я тоской журавлиною
На высокой горе монастырь.

Каждый вечер, как синь затуманится,
Как повиснет заря на мосту,
Ты идешь, моя бедная странница,
Поклониться любви и кресту.

Кроток дух монастырского жителя,
Жадно слушаешь ты ектенью,
Помолись перед ликом Спасителя
За погибшую душу мою.

1916

* * *

Покраснела рябина,
Посинела вода.
Месяц, всадник унылый,
Уронил повода.

Снова выплыл из рощи
Синим лебедем мрак.
Чудотворные мощи
Он принес на крылах.

Край ты, край мой родимый,
Вечный пахарь и вой,
Словно Во́льга под ивой,
Ты поник головой.

Встань, пришло исцеленье,
Навестил тебя Спас.
Лебединое пенье
Нежит радугу глаз.

Дня закатного жертва
Искупила весь грех.
Новой свежестью ветра
Пахнет зреющий снег.

Но незримые дрожди
Все теплей и теплей...
Помяну тебя в дождик
Я, Есенин Сергей.

1916

* * *

* * *

Опять раскинулся узорно
Над белым полем багрянец,
И заливается задорно
Нижегородский бубенец.

Под затуманенною дымкой
Ты кажешь девичью красу,
И треплет ветер под косынкой
Рыжеволосую косу.

Дуга, раскалываясь, пляшет,
То выныряя, то пропав,
Не заворожит, не обмашет
Твой разукрашенный рукав.

Уже давно мне стала сниться
Полей малиновая ширь,
Тебе — высокая светлица,
А мне — далекий монастырь.

Там синь и полымя воздушней
И легкодымней пелена.
Я буду ласковый послушник,
А ты — разгульная жена.

И знаю я, мы оба станем
Грустить в упругой тишине:
Я по тебе — в глухом тумане,
А ты заплачешь обо мне.

Но и познав, я не приемлю
Ни тихих ласк, ни глубины.
Глаза, увидевшие землю,
В иную землю влюблены.

1916

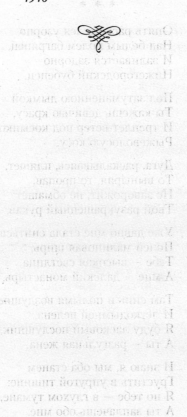

* * *

Твой глас незримый, как дым в избе.
Смиренным сердцем молюсь тебе.

Овсяным ликом питаю дух,
Помощник жизни и тихий друг.

Рудою солнца посеян свет,
Для вечной правды названья нет.

Считает время песок мечты,
Но новых зерен прибавил ты.

В незримых пашнях растут слова,
Смешалась с думой ковыль-трава.

На крепких сгибах воздетых рук
Возводит церкви строитель звук.

Есть радость в душах — топтать твой цвет,
На первом снеге свой видеть след.

Но краше кротость и стихший пыл
Склонивших веки пред звоном крыл.

1916

* * *

О Матерь Божья,
Спади звездой
На бездорожье,
В овраг глухой.

Пролей, как масло,
Власа луны
В мужичьи ясли
Моей страны.

Срок ночи долог.
В них спит твой сын.
Спусти, как полог,
Зарю на синь.

Окинь улыбкой
Мирскую весь
И солнце зыбкой
К кустам привесь.
И да взыграет
В ней, славя день,
Земного рая
Святой младень.

1917

* * *

О пашни, пашни, пашни,
Коломенская грусть,
На сердце день вчерашний,
А в сердце светит Русь.

Как птицы, свищут вёрсты
Из-под копыт коня.
И брызжет солнце горстью
Свой дождик на меня.

О край разливов грозных
И тихих вешних сил,
Здесь по заре и звездам
Я школу проходил.

И мыслил и читал я
По библии ветров,
И пас со мной Исайя
Моих златых коров.

1917

Время мое приспело

Ему было тесно и не по себе, он исходил песенной силой, кружась в творческом неугомоне. В нем развязались какие-то скрепы, спадали какие-то обручи — он уже тогда говорил о Пугачеве, из него ключом била мужицкая стихия, разбойная удаль... Надо было слышать его в те годы: с обезумевшим взглядом, с разметавшимся золотом волос, широко размахивая руками, в беспамятстве восторга декламировал он свою замечательную «Инонию».

Вячеслав Полонский

* * *

Разбуди меня завтра рано,
О моя терпеливая мать!
Я пойду за дорожным курганом
Дорогого гостя встречать.

Я сегодня увидел в пуще
След широких колес на лугу.
Треплет ветер под облачной кущей
Золотую его дугу.

На рассвете он завтра промчится,
Шапку-месяц пригнув под кустом,
И игриво взмахнет кобылица
Над равниною красным хвостом.

Разбуди меня завтра рано,
Засвети в нашей горнице свет.
Говорят, что я скоро стану
Знаменитый русский поэт.

Воспою я тебя и гостя,
Нашу печь, петуха и кров...
И на песни мои прольется
Молоко твоих рыжих коров.

1917

* * *

Там, где вечно дремлет тайна,
Есть нездешние поля.
Только гость я, гость случайный
На горах твоих, земля.

Широки леса и воды,
Крепок взмах воздушных крыл.
Но века твои и годы
Затуманил бег светил.

Не тобой я поцелован,
Не с тобой мой связан рок.
Новый путь мне уготован
От захода на восток.

Суждено мне изначально
Возлететь в немую тьму.
Ничего я в час прощальный
Не оставлю никому.

Но за мир твой, с выси звездной,
В тот покой, где спит гроза,
В две луны зажгу над бездной
Незакатные глаза.

<1917>

* * *

Тучи с ожерёба
Ржут, как сто кобыл,
Плещет надо мною
Пламя красных крыл.

Небо словно вымя,
Звезды как сосцы.
Пухнет Божье имя
В животе овцы.

Верю: завтра рано,
Чуть забрезжит свет,
Новый под туманом
Вспыхнет Назарет.

Новое восславят
Рождество поля,
И, как пес, пролает
За горой заря.

Только знаю: будет
Страшный вопль и крик,
Отрекутся люди
Славить новый лик.

Скрежетом булата
Вздыбят пасть земли...
И со щек заката
Спрыгнут скулы-дни.

Побегут, как лани,
В степь иных сторон,
Где вздымает длани
Новый Симеон.

<1917>

* * *

О муза, друг мой гибкий,
Ревнивица моя.
Опять под дождик сыпкий
Мы вышли на поля.

Опять весенним гулом
Приветствует нас дол,
Младенцем завернула
Заря луну в подол.

Теперь бы песню ветра
И нежное баю
За то, что ты окрепла,
За то, что праздник светлый
Влила ты в грудь мою.

Теперь бы брызнуть в небо
Вишневым соком стих
За отческую щедрость
Наставников твоих.

О мед воспоминаний!
О звон далеких лип!
Звездой нам пел в тумане
Разумниковский лик.

Тогда в веселом шуме
Игривых дум и сил
Апостол нежный Клюев
Нас на руках носил.

Теперь мы стали зрелей
И весом тяжелей...
Но не заглушит трелью
Тот праздник соловей.

И этот дождик шалый
Его не смоет в нас,
Чтоб звон твоей лампады
Под ветром не погас.

<1917>

* * *

О Русь, взмахни крылами,
Поставь иную крепь!
С иными именами
Встает иная степь.

По голубой долине,
Меж телок и коров,
Идет в златойряднине
Твой Алексей Кольцов.

В руках — краюха хлеба,
Уста — вишневый сок.
И вызвездило небо
Пастушеский рожок.

За ним, с снегов и ветра,
Из монастырских врат,
Идет одетый светом
Его середний брат.

От Вытегры до Шуи
Он избраздил весь край
И выбрал кличку — Клюев,
Смиренный Миколай.

Монашьи мудр и ласков,
Он весь в резьбе молвы,
И тихо сходит пасха
С бескудрой головы.

А там, за взгорьем смолым,
Иду, тропу тая,
Кудрявый и веселый,
Такой разбойный я.

Долга, крута дорога,
Несчетны склоны гор;
Но даже с тайной Бога
Веду я тайно спор.

Сшибаю камнем месяц
И на немую дрожь
Бросаю, в небо свесясь,
Из голенища нож.

За мной незримым роем
Идет кольцо других,
И далеко по селам
Звенит их бойкий стих.

Из трав мы вяжем книги,
Слова трясем с двух пол.
И сродник наш, Чапыгин,
Певуч, как снег и дол.

Сокройся, сгинь ты, племя
Смердящих снов и дум!
На каменное темя
Несем мы звездный шум.

Довольно гнить и ноять,
И славить взлетом гнусь —
Уж смыла, стерла деготь
Воспрянувшая Русь.

Уж повела крылами
Ее немая крепь!
С иными именами
Встает иная степь.

1917

ПАНТОКРАТОР

поэма

1

Славь, мой стих, кто ревет и бесится,
Кто хоронит тоску в плече,
Лошадиную морду месяца
Схватить за узду лучей.

Тысячи лет те же звезды славятся,
Тем же медом струится плоть.
Не молиться тебе, а лаяться
Научил ты меня, Господь.

За седины твои кудрявые,
За копейки с златых осин
Я кричу тебе: «К черту старое!»,
Непокорный, разбойный сын.

И за эти щедроты теплые,
Что сочишь ты дождями в муть,
О, какими, какими метлами
Это солнце с небес стряхнуть?

2

Там, за млечными холмами,
Средь небесных тополей,
Опрокинулся над нами
Среброструйный Водолей.

Он Медведицей с лазури —
Как из бочки черпаком.
В небо вспрыгнувшая буря
Села месяцу верхом.

В вихре снится сонм умерших,
Молоко дымящий сад,
Вижу, дед мой тянет вершей
Солнце с полдня на закат.

Отче, отче, ты ли внука
Услыхал в сей скорбный срок?
Знать, недаром в сердце мукал
Издыхающий телок.

3

Кружися, кружися, кружися,
Чекань твоих дней серебро!
Я понял, что солнце из выси —
В колодезь златое ведро.

С земли на незримую сушу
Отчалить и мне суждено.
Я сам положу мою душу
На это горящее дно.

Но знаю — другими очами
Умершие чуют живых.
О, дай нам с земными ключами
Предстать у ворот золотых.

Дай с нашей овсяною волей
Засовы чугунные сбить,
С разбега по ровному полю
Заре на закорки вскочить.

4

Сойди, явись нам, красный конь!
Впрягись в земли оглобли.
Нам горьким стало молоко
Под этой ветхой кровлей.

Пролей, пролей нам над водой
Твое глухое ржанье
И колокольчиком-звездой
Холодное сиянье.

Мы радугу тебе — дугой,
Полярный круг — на сбрую.
О, вывези наш шар земной
На колею иную.

Хвостом земле ты прицепись,
С зари отчалься гривой.
За эти тучи, эту высь
Скачи к стране счастливой.

И пусть они, те, кто во мгле
Нас пьют лампадой в небе,
Увидят со своих полей,
Что мы к ним в гости едем.

<1919>

ИНОНИЯ
поэма

В начале 1918 года я твердо почувствовал, что связь со старым миром порвана, и написал поэму «Инония», на которую было много резких нападок и из-за которой за мной утвердилась кличка хулигана.

Есенин. О себе (черновик)

Пророку Иеремии

1

Не устрашуся гибели,
Ни копий, ни стрел дождей, —
Так говорит по Библии
Пророк Есенин Сергей.
Время мое приспело,
Не страшен мне лязг кнута.
Тело, Христово тело,
Выплевываю изо рта.
Не хочу восприять спасения
Через муки его и крест:
Я иное постиг учение
Прободающих вечность звезд.
Я иное узрел пришествие —
Где не пляшет над правдой смерть.
Как овцу от поганой шерсти, я
Остригу голубую твердь.
Подыму свои руки к месяцу,
Раскушу его, как орех.

Не хочу я небес без лестницы,
Не хочу, чтобы падал снег.
Не хочу, чтоб умело хмуриться
На озерах зари лицо.
Я сегодня снесся, как курица,
Золотым словесным яйцом.
Я сегодня рукой упругою
Готов повернуть весь мир...
Грозовой расплескались вьюгою
От плечей моих восемь крыл.

2

Лай колоколов над Русью грозный —
Это плачут стены Кремля.
Ныне на пики звездные
Вздыбливаю тебя, земля!
Протянусь до незримого города,
Млечный прокушу покров.
Даже Богу я выщиплю бороду
Оскалом моих зубов.
Ухвачу его за гриву белую
И скажу ему голосом вьюг:
Я иным тебя, Господи, сделаю,
Чтобы зрел мой словесный луг!
Проклинаю я дыхание Китежа
И все лощины его дорог.
Я хочу, чтоб на бездонном вытяже
Мы воздвигли себе чертог.
Языком вылижу на иконах я
Лики мучеников и святых.
Обещаю вам град Инонию,
Где живет Божество живых!
Плачь и рыдай, Московия!

Новый пришел Индикоплов.
Все молитвы в твоем часослове я
Проклюю моим клювом слов.
Уведу твой народ от упования,
Дам ему веру и мощь,
Чтобы плугом он в зори ранние
Распахивал с солнцем нощь.
Чтобы поле его словесное
Выращало ульями злак,
Чтобы зерна под крышей небесною
Озлащали, как пчелы, мрак.
Проклинаю тебя я, Радонеж,
Твои пятки и все следы!
Ты огня золотого залежи
Разрыхлял киркою воды.
Стая туч твоих, по-волчьи лающих,
Словно стая злющих волков,
Всех зовущих и всех дерзающих
Прободала копьем клыков.
Твое солнце когтистыми лапами
Прокогтялось в душу, как нож.
На реках вавилонских мы плакали,
И кровавый мочил нас дождь.
Ныне ж бури воловьим голосом
Я кричу, сняв с Христа штаны:
Мойте руки свои и волосы
Из лоханки второй луны.
Говорю вам — вы все погибнете,
Всех задушит вас веры мох.
По-иному над нашей выгибью
Вспух незримой коровой Бог.
И напрасно в пещеры селятся
Те, кому ненавистен рев.
Все равно — он иным отелится

Солнцем в наш русский кров.
Все равно — он спалит телением,
Что ковало реке брега.
Разгвоздят мировое кипение
Золотые его рога.
Новый сойдет Олимпий
Начертать его новый лик.
Говорю вам — весь воздух выпью
И кометой вытяну язык.
До Египта раскорячу ноги,
Ракую с вас подковы мук...
В оба полюса снежнорогие
Вопьюсь клещами рук.
Коленом придавлю экватор
И под бури и вихря плач
Пополам нашу землю-матерь
Разломлю, как златой калач.
И в провал, отененный бездною,
Чтобы мир весь слышал тот треск,
Я главу свою власозвездную
Просуну, как солнечный блеск.
И четыре солнца из облачья,
Как четыре бочки с горы,
Золотые рассыпав обручи,
Скатясь, всколыхнут миры.

3

И тебе говорю, Америка,
Отколотая половина земли, —
Страшись по морям безверия
Железные пускать корабли!
Не отягивай чугунной радугой
Нив и гранитом — рек.

Только водью свободной Ладоги
Просверлит бытие человек!
Не вбивай руками синими
В пустошь потолок небес:
Не построить шляпками гвоздиными
Сияние далеких звезд.
Не залить огневого брожения
Лавой стальной руды.
Нового вознесения
Я оставлю на земле следы.
Пятками с облаков свесюсь,
Прокопытю тучи, как лось;
Колесами солнце и месяц
Надену на земную ось.
Говорю тебе — не пой молебствия
Проволочным твоим лучам.
Не осветят они пришествия,
Бегущего овцой по горам!
Сыщется в тебе стрелок еще
Пустить в его грудь стрелу.
Словно полымя, с белой шерсти его
Брызнет теплая кровь во мглу.
Звездами золотые копытца
Скатятся, взбороздив нощь.
И опять замелькает спицами
Над чулком ее черным дождь.
Возгремлю я тогда колесами
Солнца и луны, как гром;
Как пожар, размечу волосья
И лицо закрою крылом.
За уши встряхну я горы,
Копьями вытяну ковыль.
Все тыны твои, все заборы
Горстью смету, как пыль.

И вспашу я черные щеки
Нив твоих новой сохой;
Золотой пролетит сорокой
Урожай над твоей страной.
Новый он сбросит жителям
Крыл колосистых звон.
И, как жерди златые, вытянет
Солнце лучи на дол.
Новые вырастут сосны
На ладонях твоих полей.
И, как белки, желтые вёсны
Будут прыгать по сучьям дней.
Синие забрезжут реки,
Просверлив все преграды глыб.
И заря, опуская веки,
Будет звездных ловить в них рыб.
Говорю тебе — будет время,
Отплещут уста громов;
Прободят голубое темя
Колосья твоих хлебов.
И над миром с незримой лестницы,
Оглашая поля и луг,
Проклевавшись из сердца месяца,
Кукарекнув, взлетит петух.

4

По тучам иду, как по ниве, я,
Свесясь головою вниз.
Слышу плеск голубого ливня
И светил тонкоклювых свист.
В синих отражаюсь затонах
Далеких моих озер.
Вижу тебя, Инония,

С золотыми шапками гор.
Вижу нивы твои и хаты,
На крылечке старушку мать;
Пальцами луч заката
Старается она поймать.
Прищемит его у окошка,
Схватит на своем горбе, —
А солнышко, словно кошка,
Тянет клубок к себе.
И тихо под шепот речки,
Прибрежному эху в подол,
Каплями незримой свечки
Капает песня с гор:
«Слава в вышних Богу
И на земле мир!
Месяц синим рогом
Тучи прободил.
Кто-то вывел гуся
Из яйца звезды —
Светлого Исуса
Проклевать следы.
Кто-то с новой верой,
Без креста и мук,
Натянул на небе
Радугу, как лук.
Радуйся, Сионе,
Проливай свой свет!
Новый в небосклоне
Вызрел Назарет.
Новый на кобыле
Едет к миру Спас.
Наша вера — в силе.
Наша правда — в нас!»

Январь 1918

Душа моя устала и смущена

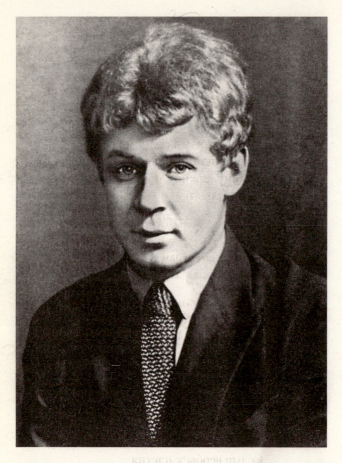

С. Есенин. 1922 г.

* * *

Устал я жить в родном краю
В тоске по гречневым просторам.
Покину хижину мою,
Уйду бродягою и вором.

Пойду по белым кудрям дня
Искать убогое жилище.
И друг любимый на меня
Наточит нож за голенище.

Весной и солнцем на лугу
Обвита желтая дорога,
И та, чье имя берегу,
Меня прогонит от порога.

И вновь вернуся в отчий дом,
Чужою радостью утешусь,
В зеленый вечер под окном
На рукаве своем повешусь.

Седые вербы у плетня
Нежнее головы наклонят.
И необмытого меня
Под лай собачий похоронят.

А месяц будет плыть и плыть,
Роняя весла по озерам...
И Русь все так же будет жить,
Плясать и плакать у забора.

<1916>

* * *

Песни, песни, о чем вы кричите?
Иль вам нечего больше дать?
Голубого покоя нити
Я учусь в мои кудри вплетать.

Я хочу быть тихим и строгим.
Я молчанью у звезд учусь.
Хорошо ивняком при дороге
Сторожить задремавшую Русь.

Хорошо в эту лунную осень
Бродить по траве одному
И сбирать на дороге колосья
В обнищалую душу-суму.

Но равнинная синь не лечит.
Песни, песни, иль вас не стряхнуть?..
Золотистой метелкой вечер
Расчищает мой ровный путь.

И так радостен мне над пущей
Замирающий в ветре крик:
«Будь же холоден ты, живущий,
Как осеннее золото лип».

1917

* * *

Клюеву

Теперь любовь моя не та.
Ах, знаю я, ты тужишь, тужишь
О том, что лунная метла
Стихов не расплескала лужи.

Грустя и радуясь звезде,
Спадающей тебе на брови,
Ты сердце выпеснил избе,
Но в сердце дома не построил.

И тот, кого ты ждал в ночи,
Прошел, как прежде, мимо крова.
О друг, кому ж твои ключи
Ты золотил поющим словом?

Тебе о солнце не пропеть,
В окошко не увидеть рая.
Так мельница, крылом махая,
С земли не может улететь.

1918

* * *

Ветры, ветры, о снежные ветры,
Заметите мою прошлую жизнь.
Я хочу быть отроком светлым
Иль цветком с луговой межи.

Я хочу под гудок пастуший
Умереть для себя и для всех.
Колокольчики звездные в уши
Насыпает вечерний снег.

Хороша бестуманная трель его,
Когда топит он боль в пурге.
Я хотел бы стоять, как дерево,
При дороге на одной ноге.

Я хотел бы под конские храпы
Обниматься с соседним кустом.
Подымайте ж вы, лунные лапы,
Мою грусть в небеса ведром.

<1919—1920>

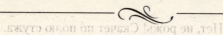

КОБЫЛЬИ КОРАБЛИ

1

Если волк на звезду завыл,
Значит, небо тучами изглодано.
Рваные животы кобыл,
Черные паруса воронов.

Не просунет когтей лазурь
Из пургового кашля-смрада;
Облетает под ржанье бурь
Черепов златохвойный сад.

Слышите ль? Слышите звонкий стук?
Это грабли зари по пущам.
Веслами отрубленных рук
Вы гребетесь в страну грядущего.

Плывите, плывите в высь!
Лейте с радуги крик вороний!
Скоро белое дерево сронит
Головы моей желтый лист.

2

Поле, поле, кого ты зовешь?
Или снится мне сон веселый —
Синей конницей скачет рожь,
Обгоняя леса и села?

Нет, не рожь! Скачет по́ полю стужа,
Окна выбиты, настежь двери.
Даже солнце мерзнет, как лужа,
Которую напрудил мерин.

Кто это? Русь моя, кто ты? Кто?
Чей черпак в снегов твоих накипь?
На дорогах голодным ртом
Сосут край зари собаки.

Им не нужно бежать в «туда»,
Здесь, с людьми бы теплей ужиться.
Бог ребенка волчице дал,
Человек съел дитя волчицы.

3

О, кого же, кого же петь
В этом бешеном зареве трупов?
Посмотрите: у женщин третий
Вылупляется глаз из пупа.

Вот он! Вылез, глядит луной,
Не увидит ли помясистей кости.
Видно, в смех над самим собой
Пел я песнь о чудесной гостье.

Где же те? Где еще одиннадцать,
Что светильники сисек жгут?
Если хочешь, поэт, жениться,
Так женись на овце в хлеву.

Причащайся соломой и шерстью,
Тепли песней словесный воск.
Злой октябрь осыпает перстни
С коричневых рук берез.

4

Звери, звери, приидите ко мне,
В чашки рук моих злобу выплакать!
Не пора ль перестать луне
В небесах облака лакать?

Сестры-суки и братья-кобели,
Я, как вы, у людей в загоне.
Не нужны мне кобыл корабли
И паруса вороньи.

Если голод с разрушенных стен
Вцепится в мои волоса, —
Половину ноги моей сам съем,
Половину отдам вам высасывать.

Никуда не пойду с людьми,
Лучше вместе издохнуть с вами,
Чем с любимой поднять земли
В сумасшедшего ближнего камень.

5

Буду петь, буду петь, буду петь!
Не обижу ни козы, ни зайца.
Если можно о чем скорбеть,
Значит, можно чему улыбаться.

Все мы яблоко радости носим,
И разбойный нам близок свист.
Срежет мудрый садовник осень
Головы моей желтый лист.

В сад зари лишь одна стезя,
Сгложет рощи октябрьский ветр.
Все познать, ничего не взять
Пришел в этот мир поэт.

Он пришел целовать коров,
Слушать сердцем овсяный хруст.
Глубже, глубже, серпы стихов!
Сыпь черемухой, солнце-куст!

<Сентябрь 1919>

* * *

По-осеннему кычет сова
Над раздольем дорожной рани.
Облетает моя голова,
Куст волос золотистый вянет.

Полевое, степное «ку-гу»,
Здравствуй, мать голубая осина!
Скоро месяц, купаясь в снегу,
Сядет в редкие кудри сына.

Скоро мне без листвы холодеть,
Звоном звезд насыпая уши.
Без меня будут юноши петь,
Не меня будут старцы слушать.

Новый с поля придет поэт,
В новом лес огласится свисте.
По-осеннему сыплет ветр,
По-осеннему шепчут листья.

1920

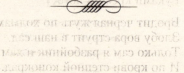

ХУЛИГАН

Дождик мокрыми метлами чистит
Ивняковый помет по лугам.
Плюйся, ветер, охапками листьев,
Я такой же, как ты, хулиган.

Я люблю, когда синие чащи,
Как с тяжелой походкой волы,
Животами, листвой хрипящими,
По коленкам марают стволы.

Вот оно, мое стадо рыжее!
Кто ж воспеть его лучше мог?
Вижу, вижу, как сумерки лижут
Следы человечьих ног.

Русь моя! Деревянная Русь!
Я один твой певец и глашатай.
Звериных стихов моих грусть
Я кормил резедой и мятой.

Взбрезжи, полночь, луны кувшин
Зачерпнуть молока берез!
Словно хочет кого придушить
Руками крестов погост!

Бродит черная жуть по холмам,
Злобу вора струит в наш сад.
Только сам я разбойник и хам
И по крови степной конокрад.

Кто видал, как в ночи кипит
Кипяченых черемух рать?
Мне бы в ночь в голубой степи
Где-нибудь с кистенем стоять.

Ах, увял головы моей куст,
Засосал меня песенный плен.
Осужден я на каторге чувств
Вертеть жернова поэм.

Но не бойся, безумный ветр,
Плюй спокойно листвой по лугам.
Не сотрет меня кличка «поэт»,
Я и в песнях, как ты, хулиган.

1919

ИСПОВЕДЬ ХУЛИГАНА

Не каждый умеет петь,
Не каждому дано яблоком
Падать к чужим ногам.

Сие есть самая великая исповедь,
Которой исповедуется хулиган.

Я нарочно иду нечесаным,
С головой, как керосиновая лампа, на плечах.
Ваших душ безлиственную осень
Мне нравится в потемках освещать.
Мне нравится, когда каменья брани
Летят в меня, как град рыгающей грозы,
Я только крепче жму тогда руками
Моих волос качнувшийся пузырь.

Так хорошо тогда мне вспоминать
Заросший пруд и хриплый звон ольхи,
Что где-то у меня живут отец и мать,
Которым наплевать на все мои стихи,
Которым дорог я, как поле и как плоть,
Как дождик, что весной взрыхляет зеленя.
Они бы вилами пришли вас заколоть
За каждый крик ваш, брошенный в меня.

Бедные, бедные крестьяне!
Вы, наверно, стали некрасивыми,
Так же боитесь Бога и болотных недр.

О, если б вы понимали,
Что сын ваш в России
Самый лучший поэт!

Вы ль за жизнь его сердцем не индевели,
Когда босые ноги он в лужах осенних макал?
А теперь он ходит в цилиндре
И лакированных башмаках.

Но живет в нем задор прежней вправки
Деревенского озорника.
Каждой корове с вывески мясной лавки
Он кланяется издалека.
И, встречаясь с извозчиками на площади,
Вспоминая запах навоза с родных полей,
Он готов нести хвост каждой лошади,
Как венчального платья шлейф.

Я люблю родину.
Я очень люблю родину!
Хоть есть в ней грусти ивовая ржавь.
Приятны мне свиней испачканные морды
И в тишине ночной звенящий голос жаб.
Я нежно болен вспоминаньем детства,
Апрельских вечеров мне снится хмарь и сырь.
Как будто бы на корточки погреться
Присел наш клен перед костром зари.
О, сколько я на нем яиц из гнезд вороньих,
Карабкаясь по сучьям, воровал!
Все тот же ль он теперь, с верхушкою зеленой?
По-прежнему ль крепка его кора?

А ты, любимый,
Верный пегий пес?!
От старости ты стал визглив и слеп

И бродишь по двору, влача обвисший хвост,
Забыв чутьем, где двери и где хлев.
О, как мне дороги все те проказы,
Когда, у матери стянув краюху хлеба,
Кусали мы с тобой ее по разу,
Ни капельки друг другом не погребав.

Я все такой же.
Сердцем я все такой же.
Как васильки во ржи, цветут в лице глаза.
Стеля стихов злаченые рогожи,
Мне хочется вам нежное сказать.

Спокойной ночи!
Всем вам спокойной ночи!
Отзвенела по траве сумерек зари коса...
Мне сегодня хочется очень
Из окошка луну обоссать.

Синий свет, свет такой синий!
В эту синь даже умереть не жаль.
Ну так что ж, что кажусь я циником,
Прицепившим к заднице фонарь!
Старый, добрый, заезженный Пегас,
Мне ль нужна твоя мягкая рысь?

Я пришел, как суровый мастер,
Воспеть и прославить крыс.
Башка моя, словно август,
Льется бурливых волос вином.

Я хочу быть желтым парусом
В ту страну, куда мы плывем.

<*Ноябрь 1920*>

* * *

Сторона ль ты моя, сторона!
Дождевое, осеннее олово.
В черной луже продрогший фонарь
Отражает безгубую голову.

Нет, уж лучше мне не смотреть,
Чтобы вдруг не увидеть хужего.
Я на всю эту ржавую мреть
Буду щурить глаза и суживать.

Так немного теплей и безбольней.
Посмотри: меж скелетов домов,
Словно мельник, несет колокольня
Медные мешки колоколов.

Если голоден ты — будешь сытым,
Коль несчастен — то весел и рад.
Только лишь не гляди открыто,
Мой земной неизвестный брат.

Как подумал я — так и сделал,
Но увы! Все одно и то ж!
Видно, слишком привыкло тело
Ощущать эту стужу и дрожь.

Ну, да что же! Ведь много прочих,
Не один я в миру живой!
А фонарь то мигнет, то захохочет
Безгубой своей головой.

Только сердце под ветхой одеждой
Шепчет мне, посетившему твердь:
«Друг мой, друг мой, прозревшие вежды
Закрывает одна лишь смерть».

1921

* * *

Все живое особой метой
Отмечается с ранних пор.
Если не был бы я поэтом,
То, наверно, был мошенник и вор.

Худощавый и низкорослый,
Средь мальчишек всегда герой,
Часто, часто с разбитым носом
Приходил я к себе домой.

И навстречу испуганной маме
Я цедил сквозь кровавый рот:
«Ничего! Я споткнулся о камень,
Это к завтраму все заживет».

И теперь вот, когда простыла
Этих дней кипятковая вязь,
Беспокойная, дерзкая сила
На поэмы мои пролилась.

Золотая словесная груда,
И над каждой строкой без конца
Отражается прежняя удаль
Забияки и сорванца.

Как тогда, я отважный и гордый,
Только новью мой брызжет шаг...
Если раньше мне били в морду,
То теперь вся в крови душа.

И уже говорю я не маме,
А в чужой и хохочущий сброд:
«Ничего! Я споткнулся о камень,
Это к завтраму все заживет».

Февраль 1922

* * *

Мир таинственный, мир мой древний,
Ты, как ветер, затих и присел.
Вот сдавили за шею деревню
Каменные руки шоссе.

Так испуганно в снежную выбель
Заметалась звенящая жуть.
Здравствуй ты, моя черная гибель,
Я навстречу к тебе выхожу!

Город, город, ты в схватке жестокой
Окрестил нас как падаль и мразь.
Стынет поле в тоске волоокой,
Телеграфными столбами давясь.

Жилист мускул у дьявольской выи
И легка ей чугунная гать.
Ну, да что же? Ведь нам не впервые
И расшатываться и пропадать.

Пусть для сердца тягуче колко,
Это песня звериных прав!..
...Так охотники травят волка,
Зажимая в тиски облав.

Зверь припал... и из пасмурных недр
Кто-то спустит сейчас курки...
Вдруг прыжок... и двуногого недруга
Раздирают на части клыки.

О, привет тебе, зверь мой любимый!
Ты не даром даешься ножу!
Как и ты, я, отвсюду гонимый,
Средь железных врагов прохожу.

Как и ты, я всегда наготове,
И хоть слышу победный рожок,
Но отпробует вражеской крови
Мой последний, смертельный прыжок.

И пускай я на рыхлую выбель
Упаду и зароюсь в снегу...
Все же песню отмщенья за гибель
Пропоют мне на том берегу.

1921

ПРОЩАНИЕ С МАРИЕНГОФОМ

Есть в дружбе счастье оголтелое
И судорога буйных чувств —
Огонь растапливает тело,
Как стеариновую свечу.

Возлюбленный мой! дай мне руки —
Я по-иному не привык, —
Хочу омыть их в час разлуки
Я желтой пеной головы.

Ах, Толя, Толя, ты ли, ты ли,
В который миг, в который раз —
Опять, как молоко, застыли
Круги недвижущихся глаз.

Прощай, прощай. В пожарах лунных
Дождусь ли радостного дня?
Среди прославленных и юных
Ты был всех лучше для меня.

В такой-то срок, в таком-то годе
Мы встретимся, быть может, вновь...
Мне страшно, — ведь душа проходит,
Как молодость и как любовь.

Другой в тебе меня заглушит.
Не потому ли — в лад речам —
Мои рыдающие уши,
Как весла, плещут по плечам?

Прощай, прощай. В пожарах лунных
Не зреть мне радостного дня,
Но все ж средь трепетных и юных
Ты был всех лучше для меня.

<1922>

* * *

Не ругайтесь! Такое дело!
Не торговец я на слова.
Запрокинулась и отяжелела
Золотая моя голова.

Нет любви ни к деревне, ни к городу,
Как же смог я ее донести?
Брошу все. Отпущу себе бороду
И бродягой пойду по Руси.

Позабуду поэмы и книги,
Перекину за плечи суму,
Оттого что в полях забулдыге
Ветер больше поет, чем кому.

Провоняю я редькой и луком
И, тревожа вечернюю гладь,
Буду громко сморкаться в руку
И во всем дурака валять.

И не нужно мне лучшей удачи,
Лишь забыться и слушать пургу,
Оттого что без этих чудачеств
Я прожить на земле не могу.

1922

* * *

Я обманывать себя не стану,
Залегла забота в сердце мглистом.
Отчего прослыл я шарлатаном?
Отчего прослыл я скандалистом?

Не злодей я и не грабил лесом,
Не расстреливал несчастных по темницам.
Я всего лишь уличный повеса,
Улыбающийся встречным лицам.

Я московский, озорной гуляка.
По всему тверскому околотку
В переулках каждая собака
Знает мою легкую походку.

Каждая задрипанная лошадь
Головой кивает мне навстречу.
Для зверей приятель я хороший,
Каждый стих мой душу зверя лечит.

Я хожу в цилиндре не для женщин.
В глупой страсти сердце жить не в силе.
В нем удобней, грусть свою уменьшив,
Золото овса давать кобыле.

Средь людей я дружбы не имею.
Я иному покорился царству.
Каждому здесь кобелю на шею
Я готов отдать мой лучший галстук.

И теперь уж я болеть не стану.
Прояснилась омуть в сердце мглистом.
Оттого прослыл я шарлатаном,
Оттого прослыл я скандалистом.

1922

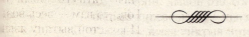

* * *

Да! Теперь решено. Без возврата
Я покинул родные поля.
Уж не будут листвою крылатой
Надо мною звенеть тополя.

Низкий дом без меня ссутулится,
Старый пес мой давно издох.
На московских изогнутых улицах
Умереть, знать, судил мне Бог.

Я люблю этот город вязевый,
Пусть обрюзг он и пусть одрях.
Золотая дремотная Азия
Опочила на куполах.

А когда ночью светит месяц,
Когда светит... черт знает как!
Я иду, головою свесясь,
Переулком в знакомый кабак.

Шум и гам в этом логове жутком,
Но всю ночь напролёт, до зари,
Я читаю стихи проституткам
И с бандитами жарю спирт.

Сердце бьется все чаще и чаще,
И уж я говорю невпопад:
Я такой же, как вы, пропащий,
Мне теперь не уйти назад.

Низкий дом без меня ссутулится,
Старый пес мой давно издох.
На московских изогнутых улицах
Умереть, знать, судил мне Бог.

1922

* * *

Снова пьют здесь, дерутся и плачут
Под гармоники желтую грусть.
Проклинают свои неудачи,
Вспоминают московскую Русь.

И я сам, опустясь головою,
Заливаю глаза вином,
Чтоб не видеть в лицо роковое,
Чтоб подумать хоть миг об ином.

Что-то всеми навек утрачено.
Май мой синий! Июнь голубой!
Не с того ль так чадит мертвячиной
Над пропащею этой гульбой.

Ах, сегодня так весело россам,
Самогонного спирта — река.
Гармонист с провалившимся носом
Им про Волгу поет и про Чека.

Что-то злое во взорах безумных,
Непокорное в громких речах.
Жалко им тех дурашливых, юных,
Что сгубили свою жизнь сгоряча.

Жалко им, что октябрь суровый
Обманул их в своей пурге.
И уж удалью точится новой
Крепко спрятанный нож в сапоге.

Где ж вы те, что ушли далече?
Ярко ль светят вам наши лучи?
Гармонист спиртом сифилис лечит,
Что в киргизских степях получил.

Нет! таких не подмять, не рассеять!
Бесшабашность им гнилью дана.
Ты, Рассея моя... Рас...сея...
Азиатская сторона!
<1922>

* * *

Сыпь, гармоника! Скука... Скука...
Гармонист пальцы льет волной.
Пей со мною, паршивая сука,
Пей со мной.

Излюбили тебя, измызгали,
Невтерпеж!
Что ж ты смотришь так синими брызгами,
Иль в морду хошь?

В огород бы тебя, на чучело,
Пугать ворон.
До печенок меня замучила
Со всех сторон.

Сыпь, гармоника! Сыпь, моя частая!
Пей, выдра! Пей!
Мне бы лучше вон ту, сисястую, —
Она глупей.

Я средь женщин тебя не первую,
Немало вас,
Но с такой вот, как ты, со стервою
Лишь в первый раз.

Чем больнее, тем звонче,
То здесь, то там.
Я с собой не покончу,
Иди к чертям.

К вашей своре собачьей
Пора простыть.
Дорогая... я плачу...
Прости... прости...

<1922>

* * *

Пой же, пой. На проклятой гитаре
Пальцы пляшут твои в полукруг.
Захлебнуться бы в этом угаре,
Мой последний, единственный друг.

Не гляди на ее запястья
И с плечей ее льющийся шелк.
Я искал в этой женщине счастья,
А нечаянно гибель нашел.

Я не знал, что любовь — зараза,
Я не знал, что любовь — чума.
Подошла и прищуренным глазом
Хулигана свела с ума.

Пой, мой друг. Навевай мне снова
Нашу прежнюю буйную рань.
Пусть целует она другова,
Молодая, красивая дрянь.

Ах, постой. Я ее не ругаю.
Ах, постой. Я ее не кляну.
Дай тебе про себя я сыграю
Под басовую эту струну.

Льется дней моих розовый купол.
В сердце снов золотых сума.
Много девушек я перещупал,
Много женщин в углах прижимал.

Да! есть горькая правда земли,
Подсмотрел я ребяческим оком:
Лижут в очередь кобели
Истекающую суку соком.

Так чего ж мне ее ревновать.
Так чего ж мне болеть такому.
Наша жизнь — простыня да кровать.
Наша жизнь — поцелуй да в омут.

Пой же, пой! В роковом размахе
Этих рук роковая беда.
Только знаешь, пошли их на хер...
Не умру я, мой друг, никогда.

<1922>

* * *

Мне осталась одна забава:
Пальцы в рот и веселый свист.
Прокатилась дурная слава,
Что похабник я и скандалист.

Ах! какая смешная потеря!
Много в жизни смешных потерь.
Стыдно мне, что я в Бога верил.
Горько мне, что не верю теперь.

Золотые, далекие дали!
Все сжигает житейская мреть.
И похабничал я и скандалил
Для того, чтобы ярче гореть.

Дар поэта — ласкать и карябать,
Роковая на нем печать.
Розу белую с черною жабой
Я хотел на земле повенчать.

Пусть не сладились, пусть не сбылись
Эти помыслы розовых дней.
Но коль черти в душе гнездились —
Значит, ангелы жили в ней.

Вот за это веселие мути,
Отправляясь с ней в край иной,
Я хочу при последней минуте
Попросить тех, кто будет со мной, —

Чтоб за все за грехи мои тяжкие,
За неверие в благодать
Положили меня в русской рубашке
Под иконами умирать.

1923

* * *

Я усталым таким еще не был.
В эту серую морозь и слизь
Мне приснилось рязанское небо
И моя непутевая жизнь.

Много женщин меня любило,
Да и сам я любил не одну,
Не от этого ль темная сила
Приучила меня к вину.

Бесконечные пьяные ночи
И в разгуле тоска не вперьвь!
Не с того ли глаза мне точит,
Словно синие листья червь?

Не больна мне ничья измена,
И не радует легкость побед, —
Тех волос золотое сено
Превращается в серый цвет.

Превращается в пепел и воды,
Когда цедит осенняя муть.
Мне не жаль вас, прошедшие годы, —
Ничего не хочу вернуть.

Я устал себя мучить без цели,
И с улыбкою странной лица
Полюбил я носить в легком теле
Тихий свет и покой мертвеца...

И теперь даже стало не тяжко
Ковылять из притона в притон,
Как в смирительную рубашку,
Мы природу берем в бетон.

И во мне, вот по тем же законам,
Умиряется бешеный пыл.
Но и все ж отношусь я с поклоном
К тем полям, что когда-то любил.

В те края, где я рос под кленом,
Где резвился на желтой траве, —
Шлю привет воробьям, и воронам,
И рыдающей в ночь сове.

Я кричу им в весенние дали:
«Птицы милые, в синюю дрожь
Передайте, что я отскандалил, —
Пусть хоть ветер теперь начинает
Под микитки дубасить рожь».

<1923>

* * *

Годы молодые с забубенной славой,
Отравил я сам вас горькою отравой.

Я не знаю: мой конец близок ли, далек ли.
Были синие глаза, да теперь поблекли.

Где ты, радость? Темь и жуть, грустно и обидно.
В поле, что ли? В кабаке? Ничего не видно.

Руки вытяну и вот — слушаю на ощупь:
Едем... кони... сани... снег... проезжаем рощу.

«Эй, ямщик, неси вовсю! Чай, рожден не слабым!
Душу вытрясти не жаль по таким ухабам».

А ямщик в ответ одно: «По такой метели
Очень страшно, чтоб в пути лошади вспотели».

«Ты, ямщик, я вижу, трус. Это не с руки нам!»
Взял я кнут и ну стегать по лошажьим спинам.

Бью, а кони, как метель, снег разносят в хлопья.
Вдруг толчок... и из саней прямо на сугроб я.

Встал и вижу: что за черт — вместо бойкой тройки...
Забинтованный лежу на больничной койке.

И заместо лошадей по дороге тряской
Бью я жесткую кровать мокрою повязкой.

На лице часов в усы закрутились стрелки.
Наклонились надо мной сонные сиделки.

Наклонились и хрипят: «Эх ты, златоглавый,
Отравил ты сам себя горькою отравой.

Мы не знаем: твой конец близок ли, далек ли.
Синие твои глаза в кабаках промокли».

1924

ПИСЬМО МАТЕРИ

Ты жива еще, моя старушка?
Жив и я. Привет тебе, привет!
Пусть струится над твоей избушкой
Тот вечерний несказанный свет.

Пишут мне, что ты, тая тревогу,
Загрустила шибко обо мне,
Что ты часто ходишь на дорогу
В старомодном ветхом шушуне.

И тебе в вечернем синем мраке
Часто видится одно и то ж:
Будто кто-то мне в кабацкой драке
Саданул под сердце финский нож.

Ничего, родная! Успокойся.
Это только тягостная бредь.
Не такой уж горький я пропойца,
Чтоб, тебя не видя, умереть.

Я по-прежнему такой же нежный
И мечтаю только лишь о том,
Чтоб скорее от тоски мятежной
Воротиться в низенький наш дом.

Я вернусь, когда раскинет ветви
По-весеннему наш белый сад.
Только ты меня уж на рассвете
Не буди, как восемь лет назад.

Не буди того, что отмечталось,
Не волнуй того, что не сбылось, —
Слишком раннюю утрату и усталость
Испытать мне в жизни привелось.

И молиться не учи меня. Не надо!
К старому возврата больше нет.
Ты одна мне помощь и отрада,
Ты одна мне несказанный свет.

Так забудь же про свою тревогу,
Не грусти так шибко обо мне.
Не ходи так часто на дорогу
В старомодном ветхом шушуне.

<1924>

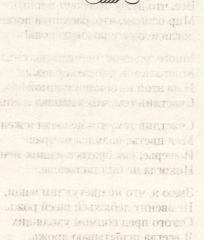

* * *

Мы теперь уходим понемногу
В ту страну, где тишь и благодать.
Может быть, и скоро мне в дорогу
Бренные пожитки собирать.

Милые березовые чащи!
Ты, земля! И вы, равнин пески!
Перед этим сонмом уходящих
Я не в силах скрыть моей тоски.

Слишком я любил на этом свете
Все, что душу облекает в плоть.
Мир осинам, что, раскинув ветви,
Загляделись в розовую водь!

Много дум я в тишине продумал,
Много песен про себя сложил,
И на этой на земле угрюмой
Счастлив тем, что я дышал и жил.

Счастлив тем, что целовал я женщин,
Мял цветы, валялся на траве
И зверье, как братьев наших меньших,
Никогда не бил по голове.

Знаю я, что не цветут там чащи,
Не звенит лебяжьей шеей рожь.
Оттого пред сонмом уходящих
Я всегда испытываю дрожь.

Знаю я, что в той стране не будет
Этих нив, златящихся во мгле...
Оттого и дороги мне люди,
Что живут со мною на земле.

1924

* * *

Этой грусти теперь не рассыпать
Звонким смехом далеких лет.
Отцвела моя белая липа,
Отзвенел соловьиный рассвет.

Для меня было все тогда новым,
Много в сердце теснилось чувств,
А теперь даже нежное слово
Горьким словом срывается с уст.

И знакомые взору просторы
Уж не так под луной хороши.
Буераки... пеньки... косогоры
Опечалили русскую ширь.

Нездоровое, хилое, низкое,
Водянистая серая гладь.
Это все мне родное и близкое,
От чего так легко зарыдать.

Покосившаяся избенка,
Плач овцы, и вдали на ветру
Машет тощим хвостом лошаденка,
Заглядевшись в неласковый пруд.

Это все, что зовем мы родиной,
Это все, отчего на ней
Пьют и плачут в одно с непогодиной,
Дожидаясь улыбчивых дней.

Потому никому не рассыпать
Эту грусть смехом ранних лет.
Отцвела моя белая липа,
Отзвенел соловьиный рассвет.

1924

* * *

Отговорила роща золотая
Березовым, веселым языком,
И журавли, печально пролетая,
Уж не жалеют больше ни о ком.

Кого жалеть? Ведь каждый в мире
                              странник —
Пройдет, зайдет и вновь оставит дом.
О всех ушедших грезит конопляник
С широким месяцем
                      над голубым прудом.

Стою один среди равнины голой,
А журавлей относит ветер в даль,
Я полон дум о юности веселой,
Но ничего в прошедшем мне не жаль.

Не жаль мне лет, растраченных напрасно,
Не жаль души сиреневую цветь.
В саду горит костер рябины красной,
Но никого не может он согреть.

Не обгорят рябиновые кисти,
От желтизны не пропадет трава.
Как дерево роняет тихо листья,
Так я роняю грустные слова.

И если время, ветром разметая,
Сгребет их все в один ненужный ком...
Скажите так... что роща золотая
Отговорила милым языком.

1924

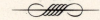

* * *

Не вернусь я в отчий дом,
Вечно странствующий странник.
Об ушедшем над прудом
Пусть тоскует конопляник.

Пусть неровные луга
Обо мне поют крапивой, —
Брызжет полночью дуга,
Колокольчик говорливый.

Высоко стоит луна,
Даже шапки не докинуть.
Песне тайна не дана,
Где ей жить и где погинуть.

Но на склоне наших лет
В отчий дом ведут дороги.
Повезут глухие дроги
Полутруп, полускелет.

Ведь недаром с давних пор
Поговорка есть в народе:
Даже пес в хозяйский двор
Издыхать всегда приходит.

Ворочусь я в отчий дом,
Жил и не́ жил бедный странник...

. . . .

В синий вечер над прудом
Прослезится коноплянок.

<1925>

* * *

Гори, звезда моя, не падай.
Роняй холодные лучи.
Ведь за кладбищенской оградой
Живое сердце не стучит.

Ты светишь августом и рожью
И наполняешь тишь полей
Такой рыдалистою дрожью
Неотлетевших журавлей.

И, голову вздымая выше,
Не то за рощей — за холмом
Я снова чью-то песню слышу
Про отчий край и отчий дом.

И золотеющая осень,
В березах убавляя сок,
За всех, кого любил и бросил,
Листвою плачет на песок.

Я знаю, знаю. Скоро, скоро
Ни по моей, ни чьей вине
Под низким траурным забором
Лежать придется так же мне.

Погаснет ласковое пламя,
И сердце превратится в прах.
Друзья поставят серый камень
С веселой надписью в стихах.

Но, погребальной грусти внемля,
Я для себя сложил бы так:
Любил он родину и землю,
Как любит пьяница кабак.

17 августа 1925

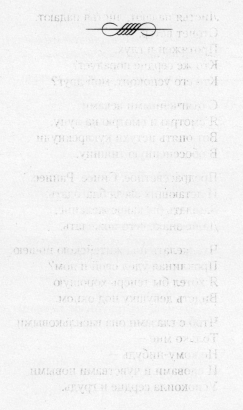

* * *

Листья падают, листья падают.
Стонет ветер,
Протяжен и глух.
Кто же сердце порадует?
Кто его успокоит, мой друг?

С отягченными веками
Я смотрю и смотрю на луну.
Вот опять петухи кукарекнули
В обосененную тишину.

Предрассветное. Синее. Раннее.
И летающих звезд благодать.
Загадать бы какое желание,
Да не знаю, чего пожелать.

Что желать под житейскою ношею,
Проклиная удел свой и дом?
Я хотел бы теперь хорошую
Видеть девушку под окном.

Чтоб с глазами она васильковыми
Только мне —
Не кому-нибудь —
И словами и чувствами новыми
Успокоила сердце и грудь.

Чтоб под этою белою лунностью,
Принимая счастливый удел,
Я над песней не таял, не млел
И с чужою веселою юностью
О своей никогда не жалел.

Август 1925

* * *

Слышишь — мчатся сани, слышишь — сани мчатся.
Хорошо с любимой в поле затеряться.

Ветерок веселый робок и застенчив,
По равнине голой катится бубенчик.

Эх вы, сани, сани! Конь ты мой буланый!
Где-то на поляне клен танцует пьяный.

Мы к нему подъедем, спросим — что такое?
И станцуем вместе под тальянку трое.

3 октября 1925

* * *

Сочинитель бедный, это ты ли
Сочиняешь песни о луне?
Уж давно глаза мои остыли
На любви, на картах и вине.

Ах, луна влезает через раму,
Свет такой, хоть выколи глаза...
Ставил я на пиковую даму,
А сыграл бубнового туза.

4/5 октября 1925

ПЕСНЯ

Есть одна хорошая песня у соловушки —
Песня панихидная по моей головушке.

Цвела забубенная, росла — ножевая,
А теперь вдруг свесилась, словно неживая.

Думы мои, думы! Боль в висках и темени.
Промотал я молодость без поры, без времени.

Как случилось-сталось, сам не понимаю,
Ночью жесткую подушку к сердцу прижимаю.

Лейся, песня звонкая, вылей трель унылую.
В темноте мне кажется — обнимаю милую.

За окном гармоника и сиянье месяца.
Только знаю — милая никогда не встретится.

Эх, любовь-калинушка, кровь — заря вишневая,
Как гитара старая и как песня новая.

С теми же улыбками, радостью и муками,
Что певалось дедами, то поется внуками.

Пейте, пойте в юности, бейте в жизнь без промаха —
Все равно любимая отцветет черемухой.

Я отцвел, не знаю где. В пьянстве, что ли? славе ли?
В молодости нравился, а теперь оставили.

Потому хорошая песня у соловушки,
Песня панихидная по моей головушке.

Цвела — забубенная, была — ножевая,
А теперь вдруг свесилась, словно неживая.

1925

***

Клен ты мой опавший, клен заледенелый,
Что стоишь нагнувшись под метелью белой?

Или что увидел? Или что услышал?
Словно за деревню погулять ты вышел.

И, как пьяный сторож, выйдя на дорогу,
Утонул в сугробе, приморозил ногу.

Ах, и сам я нынче чтой-то стал нестойкий,
Не дойду до дома с дружеской попойки.

Там вон встретил вербу, там сосну приметил,
Распевал им песни под метель о лете.

Сам себе казался я таким же кленом,
Только не опавшим, а вовсю зеленым.

И, утратив скромность, одуревши в доску,
Как жену чужую, обнимал березку.

28 ноября 1925

* * *

Снежная равнина, белая луна,
Саваном покрыта наша сторона.
И березы в белом плачут по лесам.
Кто погиб здесь? Умер? Уж не я ли сам?

4/5 октября 1925

Сумасшедшее сердце поэта

Есенин. 1922 г.

Августе Миклашевской

ИЗ ЦИКЛА «ЛЮБОВЬ ХУЛИГАНА»

1

Заметался пожар голубой,
Позабылись родимые дали.
В первый раз я запел про любовь,
В первый раз отрекаюсь скандалить.

Был я весь как запущенный сад,
Был на женщин и зелие падкий.
Разонравилось пить и плясать
И терять свою жизнь без оглядки.

Мне бы только смотреть на тебя,
Видеть глаз златокарий омут,
И чтоб, прошлое не любя,
Ты уйти не смогла к другому.

Поступь нежная, легкий стан,
Если б знала ты сердцем упорным,
Как умеет любить хулиган,
Как умеет он быть покорным.

Я б навеки забыл кабаки
И стихи бы писать забросил,
Только б тонко касаться руки
И волос твоих цветом в осень.

Я б навеки пошел за тобой
Хоть в свои, хоть в чужие дали...
В первый раз я воспел про любовь,
В первый раз отрекаюсь скандалить.

1923

2

Ты такая ж простая, как все,
Как сто тысяч других в России.
Знаешь ты одинокий рассвет,
Знаешь холод осени синий.

По-смешному я сердцем влип,
Я по-глупому мысли занял.
Твой иконный и строгий лик
По часовням висел в рязанях.

Я на эти иконы плевал,
Чтил я грубость и крик в повесе,
А теперь вдруг растут слова
Самых нежных и кротких песен.

Не хочу я лететь в зенит,
Слишком многое телу надо.
Что ж так имя твое звенит,
Словно августовская прохлада?

Я не нищий, ни жалок, ни мал
И умею расслышать за пылом:
С детства нравиться я понимал
Кобелям да степным кобылам.

Потому и себя не сберег
Для тебя, для нее и для этой.
Невеселого счастья залог —
Сумасшедшее сердце поэта.

Потому и грущу, осев,
Словно в листья, в глаза косые...
Ты такая ж простая, как все,
Как сто тысяч других в России.

1923

3

Пускай ты выпита другим,
Но мне осталось, мне осталось,
Твоих волос стеклянный дым
И глаз осенняя усталость.

О, возраст осени! Он мне
Дороже юности и лета.
Ты стала нравиться вдвойне
Воображению поэта.

Я сердцем никогда не лгу
И потому на голос чванства
Бестрепетно сказать могу,
Что я прощаюсь с хулиганством.

Пора расстаться с озорной
И непокорною отвагой.
Уж сердце напилось иной,
Кровь отрезвляющею брагой.

И мне в окошко постучал
Сентябрь багряной веткой ивы,
Чтоб я готов был и встречал
Его приход неприхотливый.

Теперь со многим я мирюсь
Без принужденья, без утраты.
Иною кажется мне Русь,
Иными кладбища и хаты.

Прозрачно я смотрю вокруг
И вижу, там ли, здесь ли, где-то ль,
Что ты одна, сестра и друг,
Могла быть спутницей поэта.

Что я одной тебе бы мог,
Воспитываясь в постоянстве,
Пропеть о сумерках дорог
И уходящем хулиганстве.

1923

4

Дорогая, сядем рядом,
Поглядим в глаза друг другу.
Я хочу под кротким взглядом
Слушать чувственную вьюгу.

Это золото осеннее,
Эта прядь волос белесых —
Все явилось, как спасенье
Беспокойного повесы.

Я давно мой край оставил,
Где цветут луга и чащи.
В городской и горькой славе
Я хотел прожить пропащим.

Я хотел, чтоб сердце глуше
Вспоминало сад и лето,
Где под музыку лягушек
Я растил себя поэтом.

Там теперь такая ж осень...
Клен и липы в окна комнат,
Ветки лапами забросив,
Ищут тех, которых помнят.

Их давно уж нет на свете.
Месяц на простом погосте
На крестах лучами метит,
Что и мы придем к ним в гости,

Что и мы, отжив тревоги,
Перейдем под эти кущи.
Все волнистые дороги
Только радость льют живущим.

Дорогая, сядь же рядом,
Поглядим в глаза друг другу.
Я хочу под кротким взглядом
Слушать чувственную вьюгу.

9 октября 1923

5

Мне грустно на тебя смотреть,
Какая боль, какая жалость!
Знать, только ивовая медь
Нам в сентябре с тобой осталась.

Чужие губы разнесли
Твое тепло и трепет тела.
Как будто дождик моросит
С души, немного омертвелой.

Ну что ж! Я не боюсь его.
Иная радость мне открылась.
Ведь не осталось ничего,
Как только желтый тлен и сырость.

Ведь и себя я не сберег
Для тихой жизни, для улыбок.
Так мало пройдено дорог,
Так много сделано ошибок.

Смешная жизнь, смешной разлад.
Так было и так будет после.
Как кладбище, усеян сад
В берез изглоданные кости.

Вот так же отцветем и мы
И отшумим, как гости сада...
Коль нет цветов среди зимы,
Так и грустить о них не надо.

1923

6

Ты прохладой меня не мучай
И не спрашивай, сколько мне лет.
Одержимый тяжелой падучей,
Я душой стал, как желтый скелет.

Было время, когда из предместья
Я мечтал по-мальчишески — в дым,
Что я буду богат и известен
И что всеми я буду любим.

Да! Богат я, богат с излишком.
Был цилиндр, а теперь его нет.
Лишь осталась одна манишка
С модной парой избитых штиблет.

И известность моя не хуже,
От Москвы по парижскую рвань
Мое имя наводит ужас,
Как заборная, громкая брань.

И любовь, не забавное ль дело?
Ты целуешь, а губы как жесть.
Знаю, чувство мое перезрело,
А твое не сумеет расцвесть.

Мне пока горевать еще рано,
Ну, а если есть грусть — не беда!
Золотей твоих кос по курганам
Молодая шумит лебеда.

Я хотел бы опять в ту местность,
Чтоб под шум молодой лебеды
Утонуть навсегда в неизвестность
И мечтать по-мальчишески — в дым.

Но мечтать о другом, о новом,
Непонятном земле и траве,
Что не выразить сердцу словом
И не знает назвать человек.

1923

7

Вечер черные брови насопил.
Чьи-то кони стоят у двора.
Не вчера ли я молодость пропил?
Разлюбил ли тебя не вчера?

Не храпи, запоздалая тройка!
Наша жизнь пронеслась без следа.
Может, завтра больничная койка
Упокоит меня навсегда.

Может, завтра совсем по-другому
Я уйду, исцеленный навек,
Слушать песни дождей и черемух,
Чем здоровый живет человек.

Позабуду я мрачные силы,
Что терзали меня, губя.
Облик ласковый! Облик милый!
Лишь одну не забуду тебя.

Пусть я буду любить другую,
Но и с нею, с любимой, с другой,
Расскажу про тебя, дорогую,
Что когда-то я звал дорогой.

Расскажу, как текла былая
Наша жизнь, что былой не была...
Голова ль ты моя удалая,
До чего ж ты меня довела?

1923

* * *

Я помню, любимая, помню
Сиянье твоих волос...
Не радостно и не легко мне
Покинуть тебя привелось.

Я помню осенние ночи,
Березовых шорох теней...
Пусть дни тогда были короче,
Луна нам светила длинней.

Я помню, ты мне говорила:
«Пройдут голубые года,
И ты позабудешь, мой милый,
С другою меня навсегда».

Сегодня цветущая липа
Напомнила чувствам опять,
Как нежно тогда я сыпал
Цветы на кудрявую прядь.

И сердце, остыть не готовясь
И грустно другую любя,
Как будто любимую повесть
С другой вспоминает тебя.

<1925>

ПИСЬМО К ЖЕНЩИНЕ

Вы помните,
Вы всё, конечно, помните,
Как я стоял,
Приблизившись к стене,
Взволнованно ходили вы по комнате
И что-то резкое
В лицо бросали мне.

Вы говорили:
Нам пора расстаться,
Что вас измучила
Моя шальная жизнь,
Что вам пора за дело приниматься,
А мой удел —
Катиться дальше, вниз.

Любимая!
Меня вы не любили.
Не знали вы, что в сонмище людском
Я был, как лошадь, загнанная в мыле,
Пришпоренная смелым ездоком.

Не знали вы,
Что я в сплошном дыму,
В развороченном бурей быте
С того и мучаюсь, что не пойму —
Куда несет нас рок событий.

Лицом к лицу
Лица не увидать.
Большое видится на расстоянье.
Когда кипит морская гладь,
Корабль в плачевном состоянье.

Земля — корабль!
Но кто-то вдруг
За новой жизнью, новой славой
В прямую гущу бурь и вьюг
Ее направил величаво.

Ну кто ж из нас на палубе большой
Не падал, не блевал и не ругался?
Их мало, с опытной душой,
Кто крепким в качке оставался.

Тогда и я,
Под дикий шум,
Но зрело знающий работу,
Спустился в корабельный трюм,
Чтоб не смотреть людскую рвоту.

Тот трюм был —
Русским кабаком.
И я склонился над стаканом,
Чтоб, не страдая ни о ком,
Себя сгубить
В угаре пьяном.

Любимая!
Я мучил вас,
У вас была тоска
В глазах усталых:
Что я пред вами напоказ
Себя растрачивал в скандалах.

Но вы не знали,
Что в сплошном дыму,
В развороченном бурей быте
С того и мучаюсь,
Что не пойму,
Куда несет нас рок событий...

Теперь года прошли.
Я в возрасте ином.
И чувствую и мыслю по-иному.
И говорю за праздничным вином:
Хвала и слава рулевому!

Сегодня я
В ударе нежных чувств.
Я вспомнил вашу грустную усталость.
И вот теперь
Я сообщить вам мчусь,
Каков я был
И что со мною сталось!

Любимая!
Сказать приятно мне:
Я избежал паденья с кручи.
Теперь в Советской стороне
Я самый яростный попутчик.

Я стал не тем,
Кем был тогда.
Не мучил бы я вас,
Как это было раньше.
За знамя вольности
И светлого труда
Готов идти хоть до Ла-Манша.

Простите мне...
Я знаю: вы не та —
Живете вы
С серьезным, умным мужем;
Что не нужна вам наша маета,
И сам я вам
Ни капельки не нужен.

Живите так,
Как вас ведет звезда,
Под кущей обновленной сени.
С приветствием,
Вас помнящий всегда
Знакомый ваш

Сергей Есенин.

<1924>

СОБАКЕ КАЧАЛОВА

Дай, Джим, на счастье лапу мне,
Такую лапу не видал я сроду.
Давай с тобой полаем при луне
На тихую, бесшумную погоду.
Дай, Джим, на счастье лапу мне.

Пожалуйста, голубчик, не лижись.
Пойми со мной хоть самое простое.
Ведь ты не знаешь, что такое жизнь,
Не знаешь ты, что жить на свете стоит.

Хозяин твой и мил и знаменит,
И у него гостей бывает в доме много,
И каждый, улыбаясь, норовит
Тебя по шерсти бархатной потрогать.

Ты по-собачьи дьявольски красив,
С такою милою доверчивой приятцей.
И, никого ни капли не спросив,
Как пьяный друг, ты лезешь
                              целоваться.

Мой милый Джим, среди твоих гостей
Так много всяких и невсяких было.
Но та, что всех безмолвней и грустней,
Сюда случайно вдруг на заходила?

Она придет, даю тебе поруку.
И без меня, в ее уставясь взгляд,
Ты за меня лизни ей нежно руку
За все, в чем был и не был виноват.

1925

* * *

Видно, так заведено навеки —
К тридцати годам перебесясь,
Все сильней, прожженные калеки,
С жизнью мы удерживаем связь.

Милая, мне скоро стукнет тридцать,
И земля милей мне с каждым днем.
Оттого и сердцу стало сниться,
Что горю я розовым огнем.

Коль гореть, так уж гореть сгорая,
И недаром в липовую цветь
Вынул я кольцо у попугая —
Знак того, что вместе нам сгореть.

То кольцо надела мне цыганка.
Сняв с руки, я дал его тебе,
И теперь, когда грустит шарманка,
Не могу не думать, не робеть.

В голове болотный бродит омут,
И на сердце изморозь и мгла:
Может быть, кому-нибудь другому
Ты его со смехом отдала?

Может быть, целуясь до рассвета,
Он тебя расспрашивает сам,
Как смешного глупого поэта
Привела ты к чувственным стихам.

Ну и что ж! Пройдет и эта рана.
Только горько видеть жизни край.
В первый раз такого хулигана
Обманул проклятый попугай.

14 июля 1925

* * *

Вижу сон. Дорога черная.
Белый конь. Стопа упорная.
И на этом на коне
Едет милая ко мне.
Едет, едет милая,
Только не любимая.

Эх, береза русская!
Путь-дорога узкая.
Эту милую как сон
Лишь для той, в кого влюблен,
Удержи ты ветками,
Как руками меткими.

Светит месяц. Синь и сонь.
Хорошо копытит конь.
Свет такой таинственный,
Словно для Единственной —
Той, в которой тот же свет
И которой в мире нет.

Хулиган я, хулиган.
От стихов дурак и пьян.
Но и все ж за эту прыть,

Чтобы сердцем не остыть,
За березовую Русь
С нелюбимой помирюсь.

2 июля 1925

* * *

* * *

Ну, целуй меня, целуй,
Хоть до крови, хоть до боли.
Не в ладу с холодной волей
Кипяток сердечных струй.

Опрокинутая кружка
Средь веселых не для нас.
Понимай, моя подружка,
На земле живут лишь раз!

Оглядись спокойным взором,
Посмотри: во мгле сырой
Месяц, словно желтый ворон,
Кружит, вьется над землей.

Ну, целуй же! Так хочу я.
Песню тлен пропел и мне.
Видно, смерть мою почуял
Тот, кто вьется в вышине.

Увядающая сила!
Умирать так умирать!
До кончины губы милой
Я хотел бы целовать.

Чтоб все время в синих дремах,
Не стыдясь и не тая,
В нежном шелесте черемух
Раздавалось: «Я твоя».

И чтоб свет над полной кружкой
Легкой пеной не погас —
Пей и пой, моя подружка:
На земле живут лишь раз!

1925

* * *

Над окошком месяц. Под окошком ветер.
Облетевший тополь серебрист и светел.

Дальний плач тальянки, голос одинокий —
И такой родимый, и такой далекий.

Плачет и смеется песня лиховая.
Где ты, моя липа? Липа вековая?

Я и сам когда-то в праздник спозаранку
Выходил к любимой, развернув тальянку.

А теперь я милой ничего не значу.
Под чужую песню и смеюсь и плачу.

Август 1925

* * *

Свищет ветер, серебряный ветер,
В шелковом шелесте снежного шума.
В первый раз я в себе заметил,
Так я еще никогда не думал.

Пусть на окошках гнилая сырость,
Я не жалею, я не печален.
Мне все равно эта жизнь полюбилась,
Так полюбилась, как будто вначале.

Взглянет ли женщина с тихой улыбкой —
Я уж взволнован. Какие плечи!
Тройка ль проскачет дорогой зыбкой —
Я уже в ней и скачу далече.

О, мое счастье и все удачи!
Счастье людское землей любимо.
Тот, кто хоть раз на земле заплачет, —
Значит, удача промчалась мимо.

Жить нужно легче, жить нужно проще,
Все принимая, что есть на свете.
Вот почему, обалдев, над рощей
Свищет ветер, серебряный ветер.

14 октября 1925

* * *

Сыпь, тальянка, звонко, сыпь, тальянка, смело!
Вспомнить, что ли, юность, ту, что пролетела?
Не шуми, осина, не пыли, дорога.
Пусть несется песня к милой до порога.

Пусть она услышит, пусть она поплачет,
Ей чужая юность ничего не значит.
Ну а если значит — проживет не мучась.
Где ты, моя радость? Где ты, моя участь?

Лейся, песня, пуще, лейся, песня, звяньше.
Все равно не будет то, что было раньше.
За былую силу, гордость и осанку
Только и осталась песня под тальянку.

8 сентября 1925

* * *

Эх вы, сани! А кони, кони!
Видно, черт их на землю принес.
В залихватском степном разгоне
Колокольчик хохочет до слез.

Ни луны, ни собачьего лая
В далеке, в стороне, в пустыре.
Поддержись, моя жизнь удалая,
Я еще не навек постарел.

Пой, ямщик, вперекор этой ночи,
Хочешь, сам я тебе подпою
Про лукавые девичьи очи,
Про веселую юность мою.

Эх, бывало, заломишь шапку,
Да заложишь в оглобли коня,
Да приляжешь на сена охапку, —
Вспоминай лишь, как звали меня.

И откуда бралась осанка,
А в полуночную тишину
Разговорчивая тальянка
Уговаривала не одну.

Все прошло. Поредел мой волос.
Конь издох, опустел наш двор.
Потеряла тальянка голос,
Разучившись вести разговор.

Но и все же душа не остыла,
Так приятны мне снег и мороз,
Потому что над всем, что было,
Колокольчик хохочет до слез.

19 сентября 1925

* * *

Голубая кофта. Синие глаза.
Никакой я правды милой не сказал.

Милая спросила: «Крутит ли метель?
Затопить бы печку, постелить постель».

Я ответил милой: «Нынче с высоты
Кто-то осыпает белые цветы.

Затопи ты печку, постели постель,
У меня на сердце без тебя метель».

3 октября 1925

* * *

Снежная замять крутит бойко,
По полю мчится чужая тройка.

Мчится на тройке чужая младость.
Где мое счастье? Где моя радость?

Все укатилось под вихрем бойким
Вот на такой же бешеной тройке.

4/5 октября 1925

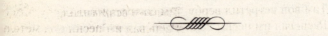

* * *

Плачет метель, как цыганская скрипка.
Милая девушка, злая улыбка,
Я ль не робею от синего взгляда?
Много мне нужно и много не надо.

Так мы далеки и так не схожи —
Ты молодая, а я все прожил.
Юношам счастье, а мне лишь память
Снежною ночью в лихую замять.

Я не заласкан — буря мне скрипка.
Сердце метелит твоя улыбка.

4/5 октября 1925

***

Вечером синим, вечером лунным
Был я когда-то красивым и юным.

Неудержимо, неповторимо
Все пролетело... далече... мимо...

Сердце остыло, выцвели очи...
Синее счастье! Лунные ночи!

4/5 октября 1925

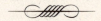

* * *

Не криви улыбку, руки теребя, —
Я люблю другую, только не тебя.

Ты сама ведь знаешь, знаешь хорошо —
Не тебя я вижу, не к тебе пришел.

Проходил я мимо, сердцу все равно —
Просто захотелось заглянуть в окно.

4/5 октября 1925

* * *

Какая ночь! Я не могу...
Не спится мне. Такая лунность!
Еще как будто берегу
В душе утраченную юность.

Подруга охладевших лет,
Не называй игру любовью.
Пусть лучше этот лунный свет
Ко мне струится к изголовью.

Пусть искаженные черты
Он обрисовывает смело, —
Ведь разлюбить не сможешь ты,
Как полюбить ты не сумела.

Любить лишь можно только раз.
Вот оттого ты мне чужая,
Что липы тщетно манят нас,
В сугробы ноги погружая.

Ведь знаю я и знаешь ты,
Что в этот отсвет лунный, синий
На этих липах не цветы —
На этих липах снег да иней.

Что отлюбили мы давно,
Ты — не меня, а я — другую,
И нам обоим все равно
Играть в любовь недорогую.

Но все ж ласкай и обнимай
В лукавой страсти поцелуя,
Пусть сердцу вечно снится май
И та, что навсегда люблю я.

30 ноября 1925

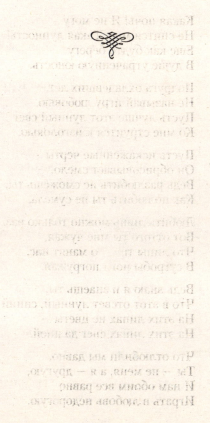

* * *

Не гляди на меня с упреком,
Я презренья к тебе не таю,
Но люблю я твой взор с поволокой
И лукавую кротость твою.

Да, ты кажешься мне распростертой,
И, пожалуй, увидеть я рад,
Как лиса, притворившись мертвой,
Ловит воронов и воронят.

Ну и что же, лови, я не струшу,
Только как бы твой пыл не погас,
На мою охладевшую душу
Натыкались такие не раз.

Не тебя я люблю, дорогая,
Ты — лишь отзвук, лишь только тень.
Мне в лице твоем снится другая,
У которой глаза — голубень.

Пусть она и не выглядит кроткой
И, пожалуй, на вид холодна,
Но она величавой походкой
Всколыхнула мне душу до дна.

Вот такую едва ль отуманишь,
И не хочешь пойти, да пойдешь,
Ну, а ты даже в сердце не вранишь
Напоенную ласкою ложь.

Но и все же, тебя презирая,
Я смущенно откроюсь навек:
Если б не было ада и рая,
Их бы выдумал сам человек.

1 декабря 1925

* * *

Ты меня не любишь, не жалеешь,
Разве я немного не красив?
Не смотря в лицо, от страсти млеешь,
Мне на плечи руки опустив.

Молодая, с чувственным оскалом,
Я с тобой не нежен и не груб.
Расскажи мне, скольких ты ласкала?
Сколько рук ты помнишь? Сколько губ?

Знаю я — они прошли, как тени,
Не коснувшись твоего огня,
Многим ты садилась на колени,
А теперь сидишь вот у меня.

Пусть твои полузакрыты очи,
И ты думаешь о ком-нибудь другом,
Я ведь сам люблю тебя не очень,
Утопая в дальнем дорогом.

Этот пыл не называй судьбою,
Легкодумна вспыльчивая связь, —
Как случайно встретился с тобою,
Улыбнусь, спокойно разойдясь.

Да и ты пойдешь своей дорогой
Распылять безрадостные дни,
Только нецелованных не трогай,
Только негоревших не мани.

И когда с другим по переулку
Ты пройдешь, болтая про любовь,
Может быть, я выйду на прогулку,
И с тобою встретимся мы вновь.

Отвернув к другому ближе плечи
И немного наклонившись вниз,
Ты мне скажешь тихо: «Добрый вечер...»
Я отвечу: «Добрый вечер, miss».

И ничто души не потревожит,
И ничто ее не бросит в дрожь, —
Кто любил, уж тот любить не может,
Кто сгорел, того не подожжешь.

4 декабря 1925

* * *

Может, поздно, может, слишком рано,
И о чем не думал много лет,
Походить я стал на Дон-Жуана,
Как заправский ветреный поэт.

Что случилось? Что со мною сталось?
Каждый день я у других колен.
Каждый день к себе теряю жалость,
Не смиряясь с горечью измен.

Я всегда хотел, чтоб сердце меньше
Билось в чувствах нежных и простых,
Что ж ищу в очах я этих женщин —
Легкодумных, лживых и пустых?

Удержи меня, мое презренье,
Я всегда отмечен был тобой.
На душе холодное кипенье
И сирени шелест голубой.

На душе — лимонный свет заката,
И все то же слышно сквозь туман, —
За свободу в чувствах есть расплата,
Принимай же вызов, Дон-Жуан!

И, спокойно вызов принимая,
Вижу я, что мне одно и то ж —
Чтить метель за синий цветень мая,
Звать любовью чувственную дрожь.

Так случилось, так со мною сталось,
И с того у многих я колен,
Чтобы вечно счастье улыбалось,
Не смиряясь с горечью измен.

13 декабря 1925

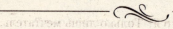

* * *

Кто я? Что я? Только лишь мечтатель,
Перстень счастья ищущий во мгле,
Эту жизнь живу я словно кстати,
Заодно с другими на земле.

И с тобой целуюсь по привычке,
Потому что многих целовал,
И, как будто зажигая спички,
Говорю любовные слова.

«Дорогая», «милая», «навеки»,
А в уме всегда одно и то ж,
Если тронуть страсти в человеке,
То, конечно, правды не найдешь.

Оттого душе моей не жестко
Ни желать, ни требовать огня,
Ты, моя ходячая березка,
Создана для многих и меня.

Но, всегда ища себе родную
И томясь в неласковом плену,
Я тебя нисколько не ревную,
Я тебя нисколько не кляну.

Кто я? Что я? Только лишь мечтатель,
Синь очей утративший во мгле,
И тебя любил я только кстати,
Заодно с другими на земле.

<1925>

* * *

Синий май. Заревая теплынь.
Не прозвякнет кольцо у калитки.
Липким запахом веет полынь.
Спит черемуха в белой накидке.

В деревянные крылья окна
Вместе с рамами в тонкие шторы
Вяжет взбалмошная луна
На полу кружевные узоры.

Наша горница хоть и мала,
Но чиста. Я с собой на досуге...
В этот вечер вся жизнь мне мила,
Как приятная память о друге.

Сад полышет, как пенный пожар,
И луна, напрягая все силы,
Хочет так, чтобы каждый дрожал
От щемящего слова «милый».

Только я в эту цветь, в эту гладь,
Под тальянку веселого мая,
Ничего не могу пожелать,
Все, как есть, без конца принимая.

Принимаю — приди и явись,
Все явись, в чем есть боль и отрада...
Мир тебе, отшумевшая жизнь,
Мир тебе, голубая прохлада.

1925

* * *

Цветы мне говорят — прощай,
Головками склоняясь ниже,
Что я навеки не увижу
Ее лицо и отчий край.

Любимая, ну что ж! Ну что ж!
Я видел их и видел землю,
И эту гробовую дрожь
Как ласку новую приемлю.

И потому, что я постиг
Всю жизнь, пройдя с улыбкой мимо, —
Я говорю на каждый миг,
Что все на свете повторимо.

Не все ль равно — придет другой,
Печаль ушедшего не сложет,
Оставленной и дорогой
Пришедший лучше песню сложит.

И, песне внемля в тишине,
Любимая с другим любимым,
Быть может, вспомнит обо мне
Как о цветке неповторимом.

27 октября 1925

Дорогие мои, дорогие, хорошие

С. Есенин. 1925 г.

* * *

Мариенгофу

Я последний поэт деревни,
Скромен в песнях дощатый мост.
За прощальной стою обедней
Кадящих листвой берез.

Догорит золотистым пламенем
Из телесного воска свеча,
И луны часы деревянные
Прохрипят мой двенадцатый час.

На тропу голубого поля
Скоро выйдет железный гость,
Злак овсяный, зарею пролитый,
Соберет его черная горсть.

Не живые, чужие ладони,
Этим песням при вас не жить!
Только будут колосья-кони
О хозяине старом тужить.

Будет ветер сосать их ржанье,
Панихидный справляя пляс.
Скоро, скоро часы деревянные
Прохрипят мой двенадцатый час!

<1920>

МОНОЛОГ ПУГАЧЕВА
(фрагмент из драматической поэмы «Пугачев»)

Пугачев

Где ж ты? Где ж ты, былая мощь?
Хочешь встать — и рукою не можешь двинуться!
Юность, юность! Как майская ночь,
Отзвенела ты черемухой в степной провинции.
Вот всплывает, всплывает синь ночная над Доном,
Тянет мягкою гарью с сухих перелесиц.
Золотою известкой над низеньким домом
Брызжет широкий и теплый месяц.
Где-то хрипло и нехотя кукарекнет петух,
В рваные ноздри пылью чихнет околица,
И все дальше, все дальше, встревоживши сонный луг,
Бежит колокольчик, пока за горой не расколется.
Боже мой!
Неужели пришла пора?
Неужель под душой так же падаешь, как под ношей?
А казалось... казалось еще вчера...
Дорогие мои... дорогие... хор-рошие...

Март — август 1921

* * *

Заря окликает другую,
Дымится овсяная гладь...
Я вспомнил тебя, дорогую,
Моя одряхлевшая мать.

Как прежде ходя на пригорок,
Костыль свой сжимая в руке,
Ты смотришь на лунный опорок,
Плывущий по сонной реке.

И думаешь горько, я знаю,
С тревогой и грустью большой,
Что сын твой по отчему краю
Совсем не болеет душой.

Потом ты идешь до погоста
И, в камень уставясь в упор,
Вздыхаешь так нежно и просто
За братьев моих и сестер.

Пускай мы росли ножевые,
А сестры росли, как май,
Ты все же глаза живые
Печально не подымай.

Довольно скорбеть! Довольно!
И время тебе подсмотреть,
Что яблоне тоже больно
Терять своих листьев медь.

Ведь радость бывает редко,
Как вешняя звень поутру,
И мне — чем сгнивать на ветках —
Уж лучше сгореть на ветру.

<1925>

* * *

Эта улица мне знакома,
И знаком этот низенький дом.
Проводов голубая солома
Опрокинулась над окном.

Были годы тяжелых бедствий,
Годы буйных, безумных сил.
Вспомнил я деревенское детство,
Вспомнил я деревенскую синь.

Не искал я ни славы, ни покоя,
Я с тщетой этой славы знаком.
А сейчас, как глаза закрою,
Вижу только родительский дом.

Вижу сад в голубых накрапах,
Тихо август прилег ко плетню.
Держат липы в зеленых лапах
Птичий гомон и щебетню.

Я любил этот дом деревянный,
В бревнах теплилась грозная морщь,
Наша печь как-то дико и странно
Завывала в дождливую ночь.

Голос громкий и всхлипень зычный,
Как о ком-то погибшем, живом.
Что он видел, верблюд кирпичный,
В завывании дождевом?

Видно, видел он дальние страны,
Сон другой и цветущей поры,
Золотые пески Афганистана
И стеклянную хмарь Бухары.

Ах, и я эти страны знаю.
Сам немалый прошел там путь.
Только ближе к родимому краю
Мне б хотелось теперь повернуть.

Но угасла та нежная дрема,
Все истлело в дыму голубом.
Мир тебе — полевая солома,
Мир тебе — деревянный дом!

1923

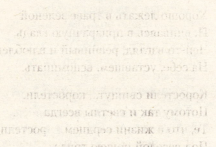

* * *

Каждый труд благослови, удача!
Рыбаку — чтоб с рыбой невода,
Пахарю — чтоб плуг его и кляча
Доставали хлеба на года.

Воду пьют из кружек и стаканов,
Из кувшинок также можно пить,
Там, где омут розовых туманов
Не устанет берег золотить.

Хорошо лежать в траве зеленой
И, впиваясь в призрачную гладь,
Чей-то взгляд, ревнивый и влюбленный,
На себе, уставшем, вспоминать.

Коростели свищут... коростели.
Потому так и светлы всегда
Те, что в жизни сердцем опростели
Под веселой ношею труда.

Только я забыл, что я крестьянин,
И теперь рассказываю сам,
Соглядатай праздный, я ль не странен
Дорогим мне пашням и лесам.

Словно жаль кому-то и кого-то,
Словно кто-то к родине отвык,
И с того, поднявшись над болотом,
В душу плачут чибис и кулик.

12 июля 1925

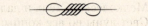

* * *

Мелколесье. Степь и дали.
Свет луны во все концы.
Вот опять вдруг зарыдали
Разливные бубенцы.

Неприглядная дорога,
Да любимая навек,
По которой ездил много
Всякий русский человек.

Эх вы, сани! Что за сани!
Звоны мерзлые осин.
У меня отец крестьянин,
Ну а я крестьянский сын.

Наплевать мне на известность
И на то, что я поэт.
Эту чахленькую местность
Не видал я много лет.

Тот, кто видел хоть однажды
Этот край и эту гладь,
Тот почти березке каждой
Ножку рад поцеловать.

Как же мне не прослезиться,
Если с венкой в стынь и звень
Будет рядом веселиться
Юность русских деревень.

Эх, гармошка, смерть-отрава,
Знать, с того под этот вой
Не одна лихая слава
Пропадала трын-травой.

21/22 октября 1925

* * *

Синий туман. Снеговое раздолье,
Тонкий лимонный лунный свет.
Сердцу приятно с тихою болью
Что-нибудь вспомнить из ранних лет.

Снег у крыльца как песок зыбучий.
Вот при такой же луне без слов,
Шапку из кошки на лоб нахлобучив,
Тайно покинул я отчий кров.

Снова вернулся я в край родимый.
Кто меня помнит? Кто позабыл?
Грустно стою я, как странник гонимый, —
Старый хозяин своей избы.

Молча я комкаю новую шапку,
Не по душе мне соболий мех.
Вспомнил я дедушку, вспомнил я бабку,
Вспомнил кладбищенский рыхлый снег.

Все успокоились, все там будем,
Как в этой жизни радей не радей, —
Вот почему так тянусь я к людям,
Вот почему так люблю людей.

Вот отчего я чуть-чуть не заплакал
И, улыбаясь, душой погас, —
Эту избу на крыльце с собакой
Словно я вижу в последний раз.

24 сентября 1925

* * *

Низкий дом с голубыми ставнями,
Не забыть мне тебя никогда, —
Слишком были такими недавними
Отзвучавшие в сумрак года.

До сегодня еще мне снится
Наше поле, луга и лес,
Принакрытые сереньким ситцем
Этих северных бедных небес.

Восхищаться уж я не умею
И пропасть не хотел бы в глуши,
Но, наверно, навеки имею
Нежность грустную русской души.

Полюбил я седых журавлей
С их курлыканьем в тощие дали,
Потому что в просторах полей
Они сытных хлебов не видали.

Только видели березь да цветь,
Да ракитник кривой и безлистый,
Да разбойные слышали свисты,
От которых легко умереть.

Как бы я и хотел не любить,
Все равно не могу научиться,
И под этим дешевеньким ситцем
Ты мила мне, родимая выть.

Потому так и днями недавними
Уж не юные веют года.
Низкий дом с голубыми ставнями,
Не забыть мне тебя никогда.

<1924>

* * *

Я иду долиной. На затылке кепи,
В лайковой перчатке смуглая рука.
Далеко сияют розовые степи,
Широко синеет тихая река.

Я — беспечный парень. Ничего не надо.
Только б слушать песни — сердцем подпевать,
Только бы струилась легкая прохлада,
Только б не сгибалась молодая стать.

Выйду за дорогу, выйду под откосы —
Сколько там нарядных мужиков и баб!
Что-то шепчут грабли, что-то свищут косы...
«Эй, поэт, послушай, слаб ты иль не слаб?

На земле милее. Полно плавать в небо.
Как ты любишь долы, так бы труд любил.
Ты ли деревенским, ты ль крестьянским не был?
Размахнись косою, покажи свой пыл».

Ах, перо — не грабли, ах, коса — не ручка —
Но косой выводят строчки хоть куда.
Под весенним солнцем, под весенней тучкой
Их читают люди всякие года.

К черту я снимаю свой костюм английский.
Что же, дайте косу, я вам покажу —
Я ли вам не свойский, я ли вам не близкий,
Памятью деревни я ль не дорожу?

Нипочем мне ямы, нипочем мне кочки.
Хорошо косою в утренний туман
Выводить по долам травяные строчки,
Чтобы их читали лошадь и баран.

В этих строчках — песня, в этих строчках — слово.
Потому и рад я в думах ни о ком,
Что читать их может каждая корова,
Отдавая плату теплым молоком.

18 июля 1925

* * *

Сестре Шуре

Я красивых таких не видел,
Только, знаешь, в душе затаю
Не в плохой, а в хорошей обиде —
Повторяешь ты юность мою.

Ты мое васильковое слово,
Я навеки люблю тебя.
Как живет теперь наша корова,
Грусть соломенную теребя?

Запоешь ты, а мне любимо,
Исцеляй меня детским сном.
Отгорела ли наша рябина,
Осыпаясь под белым окном?

Что поет теперь мать за куделью?
Я навеки покинул село,
Только знаю — багряной метелью
Нам листвы на крыльцо намело.

Знаю то, что о нас с тобой вместе
Вместо ласки и вместо слез
У ворот, как о сгибшей невесте,
Тихо воет покинутый пес.

Но и все ж возвращаться не надо,
Потому и достался не в срок,
Как любовь, как печаль и отрада,
Твой красивый рязанский платок.

13 сентября 1925

* * *

Сестре Шуре

Ах, как много на свете кошек,
Нам с тобой их не счесть никогда.
Сердцу снится душистый горошек,
И звенит голубая звезда.

Наяву ли, в бреду иль спросонок,
Только помню с далекого дня —
На лежанке мурлыкал котенок,
Безразлично смотря на меня.

Я еще тогда был ребенок,
Но под бабкину песню вскок
Он бросался, как юный тигренок,
На оброненный ею клубок.

Все прошло. Потерял я бабку,
А еще через несколько лет
Из кота того сделали шапку,
А ее износил наш дед.

13 сентября 1925

* * *
Сестре Шуре

Ты запой мне ту песню, что прежде
Напевала нам старая мать,
Не жалея о сгибшей надежде,
Я сумею тебе подпевать.

Я ведь знаю, и мне знакомо,
Потому и волнуй и тревожь,
Будто я из родимого дома
Слышу в голосе нежную дрожь.

Ты мне пой, ну а я с такою,
Вот с такою же песней, как ты,
Лишь немного глаза прикрою,
Вижу вновь дорогие черты.

Ты мне пой, ведь моя отрада —
Что вовек я любил не один
И калитку осеннего сада,
И опавшие листья с рябин.

Ты мне пой, ну а я припомню
И не буду забывчиво хмур:
Так приятно и так легко мне
Видеть мать и тоскующих кур.

Я навек за туманы и росы
Полюбил у березки стан,

И ее золотистые косы,
И холщовый ее сарафан.

Потому так и сердцу не жестко —
Мне за песнею и за вином
Показалась ты той березкой,
Что стоит под родимым окном.

13 сентября 1925

* * *

Сестре Шуре

В этом мире я только прохожий,
Ты махни мне веселой рукой.
У осеннего месяца тоже
Свет ласкающий, тихий такой.

В первый раз я от месяца греюсь,
В первый раз от прохлады согрет,
И опять и живу и надеюсь
На любовь, которой уж нет.

Это сделала наша равнинность,
Посоленная белью песка,
И измятая чья-то невинность,
И кому-то родная тоска.

Потому и навеки не скрою,
Что любить не отдельно, не врозь,
Нам одною любовью с тобою
Эту родину привелось.

13 сентября 1925

* * *

Снежная замять дробится и колется,
Сверху озябшая светит луна.
Снова я вижу родную околицу,
Через метель огонек у окна.

Все мы бездомники, много ли нужно нам.
То, что далось мне, про то и пою.
Вот я опять за родительским ужином,
Снова я вижу старушку мою.

Смотрит, а очи слезятся, слезятся,
Тихо, безмолвно, как будто без мук.
Хочет за чайную чашку взяться —
Чайная чашка скользит из рук.

Милая, добрая, старая, нежная,
С думами грустными ты не дружись,
Слушай, под эту гармонику снежную
Я расскажу про свою тебе жизнь.

Много я видел и много я странствовал,
Много любил я и много страдал,
И оттого хулиганил и пьянствовал,
Что лучше тебя никого не видал.

Вот и опять у лежанки я греюсь,
Сбросил ботинки, пиджак свой раздел.
Снова я ожил и снова надеюсь
Так же, как в детстве, на лучший удел.

А за окном под метельные всхлипы,
В диком и шумном метельном чаду,
Кажется мне — осыпаются липы,
Белые липы в нашем саду.

20 сентября 1925

* * *

Спит ковыль. Равнина дорогая,
И свинцовой свежести полынь.
Никакая родина другая
Не вольет мне в грудь мою теплынь.

Знать, у всех у нас такая участь.
И, пожалуй, всякого спроси —
Радуясь, свирепствуя и мучась,
Хорошо живется на Руси.

Свет луны таинственный и длинный,
Плачут вербы, шепчут тополя.
Но никто под окрик журавлиный
Не разлюбит отчие поля.

И теперь, когда вот новым светом
И моей коснулась жизнь судьбы,
Все равно остался я поэтом
Золотой бревёнчатой избы.

По ночам, прижавшись к изголовью,
Вижу я, как сильного врага,
Как чужая юность брызжет новью
На мои поляны и луга.

Но и все же, новью той теснимый,
Я могу прочувственно пропеть:
Дайте мне на родине любимой,
Все любя, спокойно умереть!

Июль 1925

Никогда я не был на Босфоре

Автограф стихотворения из цикла «Персидские мотивы»
«Ты сказала, что Саади...»

* * *

Прощай, Баку! Тебя я не увижу.
Теперь в душе печаль, теперь в душе испуг.
И сердце под рукой теперь больней и ближе,
И чувствую сильней простое слово: друг.

Прощай, Баку! Синь тюркская, прощай!
Хладеет кровь, ослабевают силы.
Но донесу, как счастье, до могилы
И волны Каспия, и балаханский май.

Прощай, Баку! Прощай, как песнь простая!
В последний раз я друга обниму...
Чтоб голова его, как роза золотая,
Кивала нежно мне в сиреневом дыму.

Май 1925

* * *

Жизнь — обман с чарующей тоскою,
Оттого так и сильна она,
Что своею грубою рукою
Роковые пишет письмена.

Я всегда, когда глаза закрою,
Говорю: «Лишь сердце потревожь,
Жизнь — обман, но и она порою
Украшает радостями ложь».

Обратись лицом к седому небу,
По луне гадая о судьбе,
Успокойся, смертный, и не требуй
Правды той, что не нужна тебе.

Хорошо в черемуховой вьюге
Думать так, что эта жизнь — стезя.
Пусть обманут легкие подруги,
Пусть изменят легкие друзья.

Пусть меня ласкают нежным словом,
Пусть острее бритвы злой язык.
Я живу давно на все готовым,
Ко всему безжалостно привык.

Холодят мне душу эти выси,
Нет тепла от звездного огня.
Те, кого любил я, отреклися,
Кем я жил — забыли про меня.

Но и все ж, теснимый и гонимый,
Я, смотря с улыбкой на зарю,
На земле, мне близкой и любимой,
Эту жизнь за все благодарю.

17 августа 1925

ПЕРСИДСКИЕ МОТИВЫ

* * *

Улеглась моя былая рана,
Пьяный бред не гложет сердце мне.
Синими цветами Тегерана
Я лечу их нынче в чайхане.

Сам чайханщик с круглыми плечами,
Чтобы славилась пред русским чайхана,
Угощает меня красным чаем
Вместо крепкой водки и вина.

Угощай, хозяин, да не очень.
Много роз цветет в твоем саду.
Незадаром мне мигнули очи,
Приоткинув черную чадру.

Мы в России девушек весенних
На цепи не держим, как собак,
Поцелуям учимся без денег,
Без кинжальных хитростей и драк.

Ну а этой за движенья стана,
Что лицом похожа на зарю,
Подарю я шаль из Хороссана
И ковер ширазский подарю.

Наливай, хозяин, крепче чаю,
Я тебе вовеки не солгу.
За себя я нынче отвечаю,
За тебя ответить не могу.

И на дверь ты взглядывай не очень,
Все равно калитка есть в саду...
Незадаром мне мигнули очи,
Приоткинув черную чадру.

1924

* * *

Я спросил сегодня у менялы,
Что дает за полтумана по рублю,
Как сказать мне для прекрасной Лалы
По-персидски нежное «люблю»?

Я спросил сегодня у менялы
Легче ветра, тише Ванских струй,
Как назвать мне для прекрасной Лалы
Слово ласковое «поцелуй»?

И еще спросил я у менялы,
В сердце робость глубже притая,
Как сказать мне для прекрасной Лалы,
Как сказать ей, что она «моя»?

И ответил мне меняла кратко:
О любви в словах не говорят,
О любви вздыхают лишь украдкой,
Да глаза, как яхонты, горят.

Поцелуй названья не имеет.
Поцелуй не надпись на гробах.
Красной розой поцелуи веют,
Лепестками тая на губах.

От любви не требуют поруки,
С нею знают радость и беду.
«Ты моя» сказать лишь могут руки,
Что срывали черную чадру.

1924

* * *

Шаганэ ты моя, Шаганэ!
Потому что я с севера, что ли,
Я готов рассказать тебе поле,
Про волнистую рожь при луне.
Шаганэ ты моя, Шаганэ.

Потому что я с севера, что ли,
Что луна там огромней в сто раз,
Как бы ни был красив Шираз,
Он не лучше рязанских раздолий.
Потому что я с севера, что ли?

Я готов рассказать тебе поле,
Эти волосы взял я у ржи,
Если хочешь, на палец вяжи —
Я нисколько не чувствую боли.
Я готов рассказать тебе поле.

Про волнистую рожь при луне
По кудрям ты моим догадайся.
Дорогая, шути, улыбайся,
Не буди только память во мне
Про волнистую рожь при луне.

Шаганэ ты моя, Шаганэ!
Там, на севере, девушка тоже,

На тебя она страшно похожа,
Может, думает обо мне...
Шаганэ ты моя, Шаганэ!

1924

* * *

* * *

Ты сказала, что Саади
Целовал лишь только в грудь.
Подожди ты, Бога ради,
Обучусь когда-нибудь!

Ты пропела: «За Ефратом
Розы лучше смертных дев».
Если был бы я богатым,
То другой сложил напев.

Я б порезал розы эти,
Ведь одна отрада мне —
Чтобы не было на свете
Лучше милой Шаганэ.

И не мучь меня заветом,
У меня заветов нет.
Коль родился я поэтом,
То целуюсь, как поэт.

19 декабря 1924

* * *

Никогда я не был на Босфоре,
Ты меня не спрашивай о нем.
Я в твоих глазах увидел море,
Полыхающее голубым огнем.

Не ходил в Багдад я с караваном,
Не возил я шелк туда и хну.
Наклонись своим красивым станом,
На коленях дай мне отдохнуть.

Или снова, сколько ни проси я,
Для тебя навеки дела нет,
Что в далеком имени — Россия —
Я известный, признанный поэт.

У меня в душе звенит тальянка,
При луне собачий слышу лай.
Разве ты не хочешь, персиянка,
Увидать далекий, синий край?

Я сюда приехал не от скуки —
Ты меня, незримая, звала.
И меня твои лебяжьи руки
Обвивали, словно два крыла.

Я давно ищу в судьбе покоя,
И хоть прошлой жизни не кляну,
Расскажи мне что-нибудь такое
Про твою веселую страну.

Заглуши в душе тоску тальянки,
Напои дыханьем свежих чар,
Чтобы я о дальней северянке
Не вздыхал, не думал, не скучал.

И хотя я не был на Босфоре —
Я тебе придумаю о нем.
Все равно — глаза твои, как море,
Голубым колышутся огнем.

21 декабря 1924

* * *

Свет вечерний шафранного края,
Тихо розы бегут по полям.
Спой мне песню, моя дорогая,
Ту, которую пел Хаям.
Тихо розы бегут по полям.

Лунным светом Шираз осиянен,
Кружит звезд мотыльковый рой.
Мне не нравится, что персияне
Держат женщин и дев под чадрой.
Лунным светом Шираз осиянен.

Иль они от тепла застыли,
Закрывая телесную медь?
Или, чтобы их больше любили,
Не желают лицом загореть,
Закрывая телесную медь?

Дорогая, с чадрой не дружись,
Заучи эту заповедь вкратце,
Ведь и так коротка наша жизнь,
Мало счастьем дано любоваться.
Заучи эту заповедь вкратце.

Даже все некрасивое в роке
Осеняет своя благодать.

Потому и прекрасные щеки
Перед миром грешно закрывать,
Коль дала их природа-мать.

Тихо розы бегут по полям.
Сердцу снится страна другая.
Я спою тебе сам, дорогая,
То, что сроду не пел Хаям...
Тихо розы бегут по полям.

1924

* * *

Воздух прозрачный и синий,
Выйду в цветочные чащи.
Путник, в лазурь уходящий,
Ты не дойдешь до пустыни.
Воздух прозрачный и синий.

Лугом пройдешь, как садом,
Садом в цветенье диком,
Ты не удержишься взглядом,
Чтоб не припасть к гвоздикам.
Лугом пройдешь, как садом.

Шепот ли, шорох иль шелест —
Нежность, как песни Саади.
Вмиг отразится во взгляде
Месяца желтая прелесть,
Нежность, как песни Саади.

Голос раздастся пери,
Тихий, как флейта Гассана.
В крепких объятиях стана
Нет ни тревог, ни потери,
Только лишь флейта Гассана.

Вот он, удел желанный
Всех, кто в пути устали.
Ветер благоуханный
Пью я сухими устами,
Ветер благоуханный.

<1925>

* * *

Золото холодное луны,
Запах олеандра и левкоя.
Хорошо бродить среди покоя
Голубой и ласковой страны.

Далеко-далече там Багдад,
Где жила и пела Шахразада.
Но теперь ей ничего не надо.
Отзвенел давно звеневший сад.

Призраки далекие земли
Поросли кладбищенской травою.
Ты же, путник, мертвым не внемли,
Не склоняйся к плитам головою.

Оглянись, как хорошо кругом:
Губы к розам так и тянет, тянет.
Помирись лишь в сердце со врагом —
И тебя блаженством ошафранит.

Жить — так жить, любить — так уж
                                   влюбляться.
В лунном золоте целуйся и гуляй,
Если ж хочешь мертвым поклоняться,
То живых тем сном не отравляй.

Это пела даже Шахразада, —
Так вторично скажет листьев медь.
Тех, которым ничего не надо,
Только можно в мире пожалеть.

<1925>

* * *

В Хороссане есть такие двери,
Где обсыпан розами порог.
Там живет задумчивая пери.
В Хороссане есть такие двери,
Но открыть те двери я не мог.

У меня в руках довольно силы,
В волосах есть золото и медь.
Голос пери нежный и красивый.
У меня в руках довольно силы,
Но дверей не смог я отпереть.

Ни к чему в любви моей отвага.
И зачем? Кому мне песни петь? —
Если стала неревнивой Шага,
Коль дверей не смог я отпереть,
Ни к чему в любви моей отвага.

Мне пора обратно ехать в Русь.
Персия! Тебя ли покидаю?
Навсегда ль с тобою расстаюсь
Из любви к родимому мне краю?
Мне пора обратно ехать в Русь.

До свиданья, пери, до свиданья,
Пусть не смог я двери отпереть,
Ты дала красивое страданье,
Про тебя на родине мне петь.
До свиданья, пери, до свиданья.

Март 1925

* * *

Голубая родина Фирдуси,
Ты не можешь, памятью простыв,
Позабыть о ласковом урусе
И глазах задумчиво простых.
Голубая родина Фирдуси.

Хороша ты, Персия, я знаю,
Розы, как светильники, горят
И опять мне о далеком крае
Свежестью упругой говорят.
Хороша ты, Персия, я знаю.

Я сегодня пью в последний раз
Ароматы, что хмельны, как брага.
И твой голос, дорогая Шага,
В этот трудный расставанья час
Слушаю в последний раз.

Но тебя я разве позабуду?
И в моей скитальческой судьбе
Близкому и дальнему мне люду
Буду говорить я о тебе —
И тебя навеки не забуду.

Я твоих несчастий не боюсь,
Но на всякий случай твой угрюмый
Оставляю песенку про Русь:
Запевая, обо мне подумай,
И тебе я в песне отзовусь...

Март 1925

* * *

Быть поэтом — это значит то же,
Если правды жизни не нарушить,
Рубцевать себя по нежной коже,
Кровью чувств ласкать чужие души.

Быть поэтом — значит петь раздольно,
Чтобы было для тебя известней.
Соловей поет — ему не больно,
У него одна и та же песня.

Канарейка с голоса чужого —
Жалкая, смешная побрякушка.
Миру нужно песенное слово
Петь по-свойски, даже как лягушка.

Магомет перехитрил в Коране,
Запрещая крепкие напитки.
Потому поэт не перестанет
Пить вино, когда идет на пытки.

И когда поэт идет к любимой,
А любимая с другим лежит на ложе,
Влагою живительной хранимый,
Он ей в сердце не запустит ножик.

Но, горя ревнивою отвагой,
Будет вслух насвистывать до дома:
«Ну и что ж! помру себе бродягой.
На земле и это нам знакомо».

Август 1925

* * *

Руки милой — пара лебедей —
В золоте волос моих ныряют.
Все на этом свете из людей
Песнь любви поют и повторяют.

Пел и я когда-то далеко
И теперь пою про то же снова,
Потому и дышит глубоко
Нежностью пропитанное слово.

Если душу вылюбить до дна,
Сердце станет глыбой золотою,
Только тегеранская луна
Не согреет песни теплотою.

Я не знаю, как мне жизнь прожить:
Догореть ли в ласках милой Шаги
Иль под старость трепетно тужить
О прошедшей песенной отваге?

У всего своя походка есть:
Что приятно уху, что — для глаза.
Если перс слагает плохо песнь,
Значит, он вовек не из Шираза.

Про меня же и за эти песни
Говорите так среди людей:
Он бы пел нежнее и чудесней,
Да сгубила пара лебедей.

<1925>

* * *

«Отчего луна так светит тускло
На сады и стены Хороссана?
Словно я хожу равниной русской
Под шуршащим пологом тумана», —

Так спросил я, дорогая Лала,
У молчащих ночью кипарисов,
Но их рать ни слова не сказала,
К небу гордо головы завысив.

«Отчего луна так светит грустно?» —
У цветов спросил я в тихой чаще,
И цветы сказали: «Ты почувствуй
По печали розы шелестящей».

Лепестками роза расплескалась,
Лепестками тайно мне сказала:
«Шаганэ твоя с другим ласкалась,
Шаганэ другого целовала.

Говорила: "Русский не заметит..."
Сердцу — песнь, а песне — жизнь и тело...
Оттого луна так тускло светит,
Оттого печально побледнела».

Слишком много виделось измены,
Слез и мук, кто ждал их, кто не хочет.
. . . .
Но и все ж вовек благословенны
На земле сиреневые ночи.

Август 1925

* * *

Глупое сердце, не бейся.
Все мы обмануты счастьем,
Нищий лишь просит участья...
Глупое сердце, не бейся.

Месяца желтые чары
Льют по каштанам в пролесь.
Лале склонясь на шальвары,
Я под чадрою укроюсь.
Глупое сердце, не бейся.

Все мы порою, как дети,
Часто смеемся и плачем.
Выпали нам на свете
Радости и неудачи.
Глупое сердце, не бейся.

Многие видел я страны,
Счастья искал повсюду.
Только удел желанный
Больше искать не буду.
Глупое сердце, не бейся.

Жизнь не совсем обманула.
Новой нальемся силой.
Сердце, ты хоть бы заснуло
Здесь, на коленях у милой.
Жизнь не совсем обманула.

Может, и нас отметит
Рок, что течет лавиной,
И на любовь ответит
Песнею соловьиной.
Глупое сердце, не бейся.

Август 1925

***

Голубая да веселая страна.
Честь моя за песню продана.
Ветер с моря, тише дуй и вей —
Слышишь, розу кличет соловей?

Слышишь, роза клонится и гнется —
Эта песня в сердце отзовется.
Ветер с моря, тише дуй и вей —
Слышишь, розу кличет соловей?

Ты ребенок, в этом спора нет,
Да и я ведь разве не поэт?
Ветер с моря, тише дуй и вей —
Слышишь, розу кличет соловей?

Дорогая Гелия, прости.
Много роз бывает на пути,
Много роз склоняется и гнется,
Но одна лишь сердцем улыбнется.

Улыбнемся вместе, ты и я,
За такие милые края.
Ветер с моря, тише дуй и вей —
Слышишь, розу кличет соловей?

Голубая да веселая страна.
Пусть вся жизнь моя за песню продана,
Но за Гелию в тенях ветвей
Обнимает розу соловей.

1925

Черный человек

ЧЕРНЫЙ ЧЕЛОВЕК

поэма

Друг мой, друг мой,
Я очень и очень болен.
Сам не знаю, откуда взялась эта боль.
То ли ветер свистит
Над пустым и безлюдным полем,
То ль, как рощу в сентябрь,
Осыпает мозги алкоголь.

Голова моя машет ушами,
Как крыльями птица.
Ей на шее ноги
Маячить больше невмочь.
Черный человек,
Черный, черный,
Черный человек
На кровать ко мне садится,
Черный человек
Спать не дает мне всю ночь.

Черный человек
Водит пальцем по мерзкой книге
И, гнусавя надо мной,
Как над усопшим монах,
Читает мне жизнь
Какого-то прохвоста и забулдыги,

Нагоняя на душу тоску и страх.
Черный человек,
Черный, черный!

«Слушай, слушай, —
Бормочет он мне, —
В книге много прекраснейших
Мыслей и планов.
Этот человек
Проживал в стране
Самых отвратительных
Громил и шарлатанов.

В декабре в той стране
Снег до дьявола чист,
И метели заводят
Веселые прялки.
Был человек тот авантюрист,
Но самой высокой
И лучшей марки.

Был он изящен,
К тому ж поэт,
Хоть с небольшой,
Но ухватистой силою,
И какую-то женщину,
Сорока с лишним лет,
Называл скверной девочкой
И своею милою».

«Счастье, — говорил он, —
Есть ловкость ума и рук.
Все неловкие души
За несчастных всегда известны.

Это ничего,
Что много мук
Приносят изломанные
И лживые жесты.

В грозы, в бури,
В житейскую стынь,
При тяжелых утратах
И когда тебе грустно,
Казаться улыбчивым и простым —
Самое высшее в мире искусство».

«Черный человек!
Ты не смеешь этого!
Ты ведь не на службе
Живешь водолазовой.
Что мне до жизни
Скандального поэта.
Пожалуйста, другим
Читай и рассказывай».

Черный человек
Глядит на меня в упор.
И глаза покрываются
Голубой блевотой, —
Словно хочет сказать мне,
Что я жулик и вор,
Так бесстыдно и нагло
Обокравший кого-то.

. . . .
Друг мой, друг мой,
Я очень и очень болен.

Сам не знаю, откуда взялась эта боль.
То ли ветер свистит
Над пустым и безлюдным полем,
То ль, как рощу в сентябрь,
Осыпает мозги алкоголь.

Ночь морозная.
Тих покой перекрестка.
Я один у окошка,
Ни гостя, ни друга не жду.
Вся равнина покрыта
Сыпучей и мягкой известкой,
И деревья, как всадники,
Съехались в нашем саду.

Где-то плачет
Ночная зловещая птица.
Деревянные всадники
Сеют копытливый стук.
Вот опять этот черный
На кресло мое садится,
Приподняв свой цилиндр
И откинув небрежно сюртук.

«Слушай, слушай! —
Хрипит он, смотря мне в лицо,
Сам все ближе
И ближе клонится. —
Я не видел, чтоб кто-нибудь
Из подлецов
Так ненужно и глупо
Страдал бессонницей.

Ах, положим, ошибся!
Ведь нынче луна.
Что же нужно еще
Напоенному дремой мирику?
Может, с толстыми ляжками
Тайно придет «она»,
И ты будешь читать
Свою дохлую томную лирику?

Ах, люблю я поэтов!
Забавный народ.
В них всегда нахожу я
Историю, сердцу знакомую, —
Как прыщавой курсистке
Длинноволосый урод
Говорит о мирах,
Половой истекая истомою.

Не знаю, не помню,
В одном селе,
Может, в Калуге,
А может, в Рязани,
Жил мальчик
В простой крестьянской семье,
Желтоволосый,
С голубыми глазами...

И вот стал он взрослым,
К тому ж поэт,
Хоть с небольшой,
Но ухватистой силою,
И какую-то женщину,

Сорока с лишним лет,
Называл скверной девочкой
И своею милою».

«Черный человек!
Ты прескверный гость.
Эта слава давно
Про тебя разносится».
Я взбешен, разъярен,
И летит моя трость
Прямо к морде его,
В переносицу...
. . . .

...Месяц умер,
Синеет в окошко рассвет.
Ах ты, ночь!
Что ты, ночь, наковеркала?
Я в цилиндре стою.
Никого со мной нет.
Я один...
И разбитое зеркало...

<1923— 14 ноября 1925>

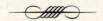

Мне очень грустно сейчас, что история переживает тяжелую эпоху умерщвления личности как живого, ведь идет совершенно не тот социализм, о котором я думал... Тесно в нем живому, тесно строящему мост в мир невидимый, ибо рубят и взрывают эти мосты из-под ног грядущих поколений. Конечно, кому откроется, тот увидит *тогда* эти покрытые уже плесенью мосты, но всегда ведь бывает жаль, что если выстроен дом, а в нем не живут, челнок выдолблен, а в нем не плавают.

Сергей Есенин.
Из письма к Е. Лившиц. Август 1921 г.

* * *

До свиданья, друг мой, до свиданья.
Милый мой, ты у меня в груди.
Предназначенное расставанье
Обещает встречу впереди.

До свиданья, друг мой, без руки, без слова,
Не грусти и не печаль бровей, —
В этой жизни умирать не ново,
Но и жить, конечно, не новей.

<1925>

Деревянная Русь

В ХАТЕ

Пахнет рыхлыми драченами,
У порога в дежке квас,
Над печурками точеными
Тараканы лезут в паз.

Вьется сажа над заслонкою,
В печке нитки попелиц,
А на лавке за солонкою —
Шелуха сырых яиц.

Мать с ухватами не сладится,
Нагибается низко,
Старый кот к махотке крадется
На парное молоко.

Квохчут куры беспокойные
Над оглоблями сохи,
На дворе обедню стройную
Запевают петухи.

А в окне на сени скатые,
От пугливой шумоты,
Из углов щенки кудлатые
Заползают в хомуты.

1914

КАЛИКИ

Проходили калики деревнями,
Выпивали под окнами квасу,
У церквей пред затворами древними
Поклонялись Пречистому Спасу.

Пробиралися странники по полю,
Пели стих о сладчайшем Исусе.
Мимо клячи с поклажею топали,
Подпевали горластые гуси.

Ковыляли убогие по стаду,
Говорили страдальные речи:
«Все единому служим мы Господу,
Возлагая вериги на плечи».

Вынимали калики поспешливо
Для коров сбереженные крохи.
И кричали пастушки насмешливо:
«Девки, в пляску. Идут скоморохи».

1910

* * *

Черная, потом пропахшая выть!
Как мне тебя не ласкать, не любить.

Выйду на озеро в синюю гать,
К сердцу вечерняя льнет благодать.

Серым веретьем стоят шалаши,
Глухо баюкают хлюпь камыши.

Красный костер окровил таганы,
В хворосте белые веки луны.

Тихо, на корточках, в пятнах зари,
Слушают сказ старика косари.

Где-то вдали на кукане реки
Дремную песню поют рыбаки.

Оловом светится лужная голь...
Грустная песня, ты — русская боль.

1914

* * *

Край ты мой заброшенный,
Край ты мой, пустырь.
Сенокос некошеный,
Лес да монастырь.

Избы забоченились,
А и всех-то пять.
Крыши их запенились
В заревую гать.

Под соломой-ризою
Выструги стропил,
Ветер плесень сизую
Солнцем окропил.

В окна бьют без промаха
Вороны крылом,
Как метель, черемуха
Машет рукавом.

Уж не сказ ли в прутнике
Жисть твоя и быль,
Что под вечер путнику
Нашептал ковыль?

1914

* * *

По селу тропинкой кривенькой
В летний вечер голубой
Рекрута ходили с ливенкой
Разухабистой гурьбой.

Распевали про любимые
Да последние деньки:
«Ты прощай, село родимое,
Темна роща и пеньки».

Зори пенились и таяли.
Все кричали, пяча грудь:
«До рекрутства горе маяли,
А теперь пора гульнуть».

Размахнув кудрями русыми,
В пляс пускались весело.
Девки брякали им бусами,
Зазывали за село.

Выходили парни бравые
За гуменные плетни.
А девчоночки лукавые
Убегали, — догони!

Над зелеными пригорками
Развевалися платки.
По полям бредя с кошелками,
Улыбались старики.

По кустам, в траве над лыками,
Под пугливый возглас сов,
Им смеялась роща зыками
С переливом голосов.

По селу тропинкой кривенькой,
Ободравшись о пеньки,
Рекрута играли в ливенку
Про остальние деньки.

1914

* * *

Заглушила засуха засевки,
Сохнет рожь и не всходят овсы.
На молебен с хоругвями девки
Потащились в комлях полосы.

Собрались прихожане у чащи,
Лихоманную грусть затая.
Загузынил дьячишко ледащий:
«Спаси, Господи, люди твоя».

Открывались небесные двери,
Дьякон бавкнул из кряжистых сил:
«Еще молимся, братья, о вере,
Чтобы Бог нам поля оросил».

Заливались веселые птахи,
Крапал брызгами поп из горстей,
Стрекотуньи-сороки, как свахи,
Накликали дождливых гостей.

Зыбко пенились зори за рощей,
Как холстины ползли облака,
И туманно по быльнице тощей
Меж кустов ворковала река.

Скинув шапки, молясь и вздыхая,
Говорили промеж мужики:
«Колосилась-то ярь неплохая,
Да сгубили сухие деньки».

На коне — черной тучице в санках —
Билось пламя-шлея... синь и дрожь.
И кричали парнишки в еланках:
«Дождик, дождик, полей нашу рожь!»

1914

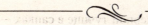

ГОЛУБЕНЬ

В прозрачном холоде заголубели долы,
Отчетлив стук подкованных копыт,
Трава поблекшая в расстеленные полы
Сбирает медь с обветренных ракит.

С пустых лощин ползет дугою тощей
Сырой туман, курчаво свившись в мох,
И вечер, свесившись над речкою, полощет
Водою белой пальцы синих ног.

*

Осенним холодом расцвечены надежды,
Бредет мой конь, как тихая судьба,
И ловит край махающей одежды
Его чуть мокрая буланая губа.

В дорогу дальнюю, ни к битве, ни к покою,
Влекут меня незримые следы,
Погаснет день, мелькнув пятой златою,
И в короб лет улягутся труды.

*

Сыпучей ржавчиной краснеют по дороге
Холмы плешивые и слегшийся песок,
И пляшет сумрак в галочьей тревоге,
Согнув луну в пастушеский рожок.

Молочный дым качает ветром села,
Но ветра нет, есть только легкий звон.
И дремлет Русь в тоске своей веселой,
Вцепивши руки в желтый крутосклон.

*

Манит ночлег, недалеко до хаты,
Укропом вялым пахнет огород.
На грядки серые капусты волноватой
Рожок луны по капле масло льет.

Тянусь к теплу, вдыхаю мягкость хлеба
И с хруптом мысленно кусаю огурцы,
За ровной гладью вздрогнувшее небо
Выводит облако из стойла под уздцы.

*

Ночлег, ночлег, мне издавна знакома
Твоя попутная разымчивость в крови,
Хозяйка спит, а свежая солома
Примята ляжками вдовеющей любви.

Уже светает, краской тараканьей
Обведена божница по углу,
Но мелкий дождь своей молитвой ранней
Еще стучит по мутному стеклу.

*

Опять передо мною голубое поле,
Качают лужи солнца рдяный лик.
Иные в сердце радости и боли,
И новый говор липнет на язык.

Водою зыбкой стынет синь во взорах,
Бредет мой конь, откинув удила,
И горстью смуглою листвы последний ворох
Кидает ветер вслед из подола.

<1916>

Какой раскол в стране

Какой раскол в стране

А. Н. и Т. Ф. Есенины. 1927 г.

Еще закон не отвердел,
Страна шумит, как непогода.
Хлестнула дерзко за предел
Нас отравившая свобода.

Россия! Сердцу милый край!
Душа сжимается от боли.
Уж сколько лет не слышит поле
Петушье пенье, песий лай.

Уж сколько лет наш тихий быт
Утратил мирные глаголы.
Как оспой, ямами копыт
Изрыты пастбища и долы.

Немолчный топот, громкий стон
Визжат тачанки и телеги.
Ужель я сплю и вижу сон,
Что с копьями со всех сторон
Нас окружают печенеги?
Не сон, не сон, я вижу въявь,
Ничем не усыпленным взглядом,
Как, лошадей пуская вплавь,
Отряды скачут за отрядом.
Куда они? И где война?
Степная водь не внемлет слову.

Не знаю, светит ли луна
Иль всадник обронил подкову?
Все спуталось...

(Фрагмент из поэмы «Гуляй-поле»)
<1924>

СОРОКОУСТ

А. Мариенгофу

1

Трубит, трубит погибельный рог!
Как же быть, как же быть теперь нам
На измызганных ляжках дорог?

Вы, любители песенных блох,
Не хотите ль . . . .

Полно кротостью мордищ праздниться,
Любо ль, не любо ль — знай бери.
Хорошо, когда сумерки дразнятся
И всыпают нам в толстые задницы
Окровавленный веник зари.

Скоро заморозь известью выбелит
Тот поселок и эти луга.
Никуда вам не скрыться от гибели,
Никуда не уйти от врага.
Вот он, вот он с железным брюхом,
Тянет к глоткам равнин пятерню,

Водит старая мельница ухом,
Навострив мукомольный нюх,
И дворовый молчальник бык,
Что весь мозг свой на телок пролил,
Вытирая о прясло язык,
Почуял беду над полем.

2

Ах, не с того ли за селом
Так плачет жалостно гармоника:
Таля-ля-ля, тили-ли-гом
Висит над белым подоконником.
И желтый ветер осенницы
Не потому ль, синь рябью тронув,
Как будто бы с коней скребницей,
Очесывает листья с кленов.
Идет, идет он, страшный вестник,
Пятой громоздкой чащи ломит.
И все сильней тоскуют песни
Под лягушиный писк в соломе.
О, электрический восход,
Ремней и труб глухая хватка,
Се изб древенчатый живот
Трясет стальная лихорадка!

3

Видели ли вы,
Как бежит по степям,
В туманах озерных кроясь,
Железной ноздрей храпя,
На лапах чугунных поезд?

А за ним
По большой траве,
Как на празднике отчаянных гонок,
Тонкие ноги закидывая к голове,
Скачет красногривый жеребенок?

Милый, милый, смешной дуралей,
Ну куда он, куда он гонится?
Неужель он не знает, что живых коней
Победила стальная конница?

Неужель он не знает, что в полях бессиянных
Той поры не вернет его бег,
Когда пару красивых степных россиянок
Отдавал за коня печенег?
По-иному судьба на торгах перекрасила
Наш разбуженный скрежетом плес,
И за тысчи пудов конской кожи и мяса
Покупают теперь паровоз.

4

Черт бы взял тебя, скверный гость!
Наша песня с тобой не сживется.
Жаль, что в детстве тебя не пришлось
Утопить, как ведро в колодце.
Хорошо им стоять и смотреть,
Красить рты в жестяных поцелуях, —
Только мне, как псаломщику, петь
Над родимой страной аллилуйя.
Оттого-то в сентябрьскую склень
На сухой и холодный суглинок,
Головой размозжась о плетень,
Облилась кровью ягод рябина.
Оттого-то вросла тужиль
В переборы тальянки звонкой.
И соломой пропахший мужик
Захлебнулся лихой самогонкой.

<1920>

ПЕСНЬ О ХЛЕБЕ

Вот она, суровая жестокость,
Где весь смысл страдания людей.
Режет серп тяжелые колосья,
Как под горло режут лебедей.

Наше поле издавна знакомо
С августовской дрожью поутру.
Перевязана в снопы солома,
Каждый сноп лежит, как желтый труп.

На телегах, как на катафалках,
Их везут в могильный склеп — овин.
Словно дьякон, на кобылу гаркнув,
Чтит возница погребальный чин.

А потом их бережно, без злости,
Головами стелют по земле
И цепами маленькие кости
Выбивают из худых телес.

Никому и в голову не встанет,
Что солома — это тоже плоть.
Людоедке-мельнице — зубами
В рот суют те кости обмолоть.

И, из мелева заквашивая тесто,
Выпекают груды вкусных яств...
Вот тогда-то входит яд белесый
В жбан желудка яйца злобы класть.

Все побои ржи в припек окрасив,
Грубость жнущих сжав в духмяный сок,
Он вкушающим соломенное мясо
Отравляет жернова кишок.

И свистят по всей стране, как осень,
Шарлатан, убийца и злодей...
Оттого что режет серп колосья,
Как под горло режут лебедей.
1921

* * *

...И у нас биржевая клоака
Расстилает свой едкий дым.
Никому ведь не станет в новинки,
Что в кремлевские буфера
Уцепились когтями с Ильинки
Маклера, маклера, маклера...
И в ответ партийной команде,
За налоги на крестьянский труд,
По стране свищет банда на банде,
Волю власти считая за кнут.
И кого упрекнуть нам можно?
Кто сумеет закрыть окно,
Чтоб не видеть, как свора острожная
И крестьянство так любят Махно?
Потому что мы очень строги,
А на строгость ту зол народ,
У нас портят железные дороги,
Гибнут озими, падает скот.
Люди с голоду бросились в бегство,
Кто в Сибирь, а кто в Туркестан,
И оскалилось людоедство
На сплошной недород у крестьян.

Их озлобили наши поборы,
И, считая весь мир за бедлам,
Они думают, что мы воры
Иль поблажку даем ворам...

*(Фрагмент из драматической поэмы
«Страна негодяев»)
1922—1923*

РУСЬ УХОДЯЩАЯ

Мы многое еще не сознаем,
Питомцы ленинской победы,
И песни новые
По-старому поем,
Как нас учили бабушки и деды.

Друзья! Друзья!
Какой раскол в стране,
Какая грусть в кипении веселом!
Знать, оттого так хочется и мне,
Задрав штаны,
Бежать за комсомолом.

Я уходящих в грусти не виню,
Ну где же старикам
За юношами гнаться?
Они несжатой рожью на корню
Остались догнивать и осыпаться.

И я, я сам,
Не молодой, не старый,
Для времени навозом обречен.
Не потому ль кабацкий звон гитары
Мне навевает сладкий сон?

Гитара милая,
Звени, звени!

Сыграй, цыганка, что-нибудь такое,
Чтоб я забыл отравленные дни,
Не знавшие ни ласки, ни покоя.

Советскую я власть виню,
И потому я на нее в обиде,
Что юность светлую мою
В борьбе других я не увидел.

Что видел я?
Я видел только бой
Да вместо песен
Слышал канонаду.
Не потому ли с желтой головой
Я по планете бегал до упаду?

Но все ж я счастлив.
В сонме бурь
Неповторимые я вынес впечатленья.
Вихрь нарядил мою судьбу
В золототканое цветенье.

Я человек не новый!
Что скрывать?
Остался в прошлом я одной ногою,
Стремясь догнать стальную рать,
Скольжу и падаю другою.

Но есть иные люди.
Те
Еще несчастней и забытей.
Они, как отрубь в решете,
Средь непонятных им событий.

Я знаю их
И подсмотрел:
Глаза печальнее коровьих.
Средь человечьих мирных дел,
Как пруд, заплесневела кровь их.

Кто бросит камень в этот пруд?
Не троньте!
Будет запах смрада.
Они в самих себе умрут,
Истлеют падью листопада.

А есть другие люди,
Те, что верят,
Что тянут в будущее робкий взгляд.
Почесывая зад и перед,
Они о новой жизни говорят.

Я слушаю. Я в памяти смотрю,
О чем крестьянская судачит оголь.
«С Советской властью жить нам по нутрю...
Теперь бы ситцу... Да гвоздей немного...»

Как мало надо этим брадачам,
Чья жизнь в сплошном
Картофеле и хлебе.
Чего же я ругаюсь по ночам
На неудачный, горький жребий?

Я тем завидую,
Кто жизнь провел в бою,
Кто защищал великую идею.

А я, сгубивший молодость свою,
Воспоминаний даже не имею.

Какой скандал!
Какой большой скандал!
Я очутился в узком промежутке.
Ведь я мог дать
Не то, что дал,
Что мне давалось ради шутки.

Гитара милая,
Звени, звени!
Сыграй, цыганка, что-нибудь такое,
Чтоб я забыл отравленные дни,
Не знавшие ни ласки, ни покоя.

Я знаю, грусть не утопить в вине,
Не вылечить души
Пустыней и отколом.
Знать, оттого так хочется и мне,
Задрав штаны,
Бежать за комсомолом.

<1924>

ПАПИРОСНИКИ

Улицы печальные,
Сугробы да мороз.
Сорванцы отчаянные
С лотками папирос.
Грязных улиц странники
В забаве злой игры,
Все они — карманники,
Веселые воры.
Тех площадь — на Никитской,
А этих — на Тверской.
Стоят с тоскливым свистом
Они там день-деньской.
Снуют по всем притонам
И, улучив досуг,
Читают Пинкертона
За кружкой пива вслух.
Пускай от пива горько,
Они без пива — вдрызг.
Все бредят Нью-Иорком,
Всех тянет в Сан-Франциск.
Потом опять печально
Выходят на мороз
Сорванцы отчаянные
С лотками папирос.

1923

РУСЬ СОВЕТСКАЯ

А. Сахарову

Тот ураган прошел. Нас мало уцелело.
На перекличке дружбы многих нет.
Я вновь вернулся в край осиротелый,
В котором не был восемь лет.

Кого позвать мне? С кем мне поделиться
Той грустной радостью, что я остался жив?
Здесь даже мельница — бревенчатая птица
С крылом единственным — стоит, глаза смежив.

Я никому здесь не знаком,
А те, что помнили, давно забыли.
И там, где был когда-то отчий дом,
Теперь лежит зола да слой дорожной пыли.

А жизнь кипит.
Вокруг меня снуют
И старые и молодые лица.
Но некому мне шляпой поклониться,
Ни в чьих глазах не нахожу приют.

И в голове моей проходят роем думы:
Что родина?
Ужели это сны?
Ведь я почти для всех здесь пилигрим угрюмый
Бог весть с какой далекой стороны.

И это я!
Я, гражданин села,
Которое лишь тем и будет знаменито,
Что здесь когда-то баба родила
Российского скандального пиита.

Но голос мысли сердцу говорит:
«Опомнись! Чем же ты обижен?
Ведь это только новый свет горит
Другого поколения у хижин.

Уже ты стал немного отцветать,
Другие юноши поют другие песни.
Они, пожалуй, будут интересней, —
Уж не село, а вся земля им мать».

Ах, родина! Какой я стал смешной.
На щеки впалые летит сухой румянец.
Язык сограждан стал мне как чужой,
В своей стране я словно иностранец.

Вот вижу я:
Воскресные сельчане
У волости, как в церковь, собрались.
Корявыми, немытыми речами
Они свою обсуживают «жись».

Уж вечер. Жидкой позолотой
Закат обрызгал серые поля.
И ноги босые, как телки под ворота,
Уткнули по канавам тополя.

Хромой красноармеец с ликом сонным,
В воспоминаниях морщиня лоб,
Рассказывает важно о Буденном,
О том, как красные отбили Перекоп.

«Уж мы его — и этак и раз-этак, —
Буржуя энтого... которого... в Крыму...»
И клены морщатся ушами длинных веток,
И бабы охают в немую полутьму.

С горы идет крестьянский комсомол,
И под гармонику, наяривая рьяно,
Поют агитки Бедного Демьяна,
Веселым криком оглашая дол.

Вот так страна!
Какого ж я рожна
Орал в стихах, что я с народом дружен?
Моя поэзия здесь больше не нужна,
Да и, пожалуй, сам я тоже здесь не нужен.

Ну что ж! Прости, родной приют.
Чем сослужил тебе — и тем уж я доволен.
Пускай меня сегодня не поют —
Я пел тогда, когда был край мой болен.

Приемлю всё.
Как есть всё принимаю.
Готов идти по выбитым следам.
Отдам всю душу октябрю и маю,
Но только лиры милой не отдам.

Я не отдам ее в чужие руки,
Ни матери, ни другу, ни жене.
Лишь только мне она свои вверяла звуки
И песни нежные лишь только пела мне.

Цветите, юные, и здоровейте телом!
У вас иная жизнь. У вас другой напев.
А я пойду один к неведомым пределам,
Душой бунтующей навеки присмирев.

Но и тогда,
Когда на всей планете
Пройдёт вражда племён,
Исчезнет ложь и грусть, —
Я буду воспевать
Всем существом в поэте
Шестую часть земли
С названьем кратким «Русь».

1924

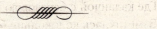

ВОЗВРАЩЕНИЕ НА РОДИНУ

Я посетил родимые места,
Ту сельщину,
Где жил мальчишкой,
Где каланчой с березовою вышкой
Взметнулась колокольня без креста.

Как много изменилось там,
В их бедном, неприглядном быте.
Какое множество открытий
За мною следовало по пятам.

Отцовский дом
Не мог я распознать:
Приметный клен уж под окном не машет
И на крылечке не сидит уж мать,
Кормя цыплят крупитчатою кашей.

Стара, должно быть, стала...
Да, стара.
Я с грустью озираюсь на окрестность.
Какая незнакомая мне местность!
Одна, как прежняя, белеется гора,
Да у горы
Высокий серый камень.

Здесь кладбище!
Подгнившие кресты,
Как будто в рукопашной мертвецы,
Застыли с распростертыми руками.

По тропке, опершись на подожок,
Идет старик, сметая пыль с бурьяна.
«Прохожий!
Укажи, дружок,
Где тут живет Есенина Татьяна?»

«Татьяна... Гм...
Да вон за той избой.
А ты ей что?
Сродни?
Аль, может, сын пропащий?»

«Да, сын.
Но что, старик, с тобой?
Скажи мне,
Отчего ты так глядишь скорбяще?»

«Добро, мой внук,
Добро, что не узнал ты деда!..»
«Ах, дедушка, ужели это ты?»
И полилась печальная беседа
Слезами теплыми на пыльные цветы.

. . . .

«Тебе, пожалуй, скоро будет тридцать...
А мне уж девяносто...
Скоро в гроб.
Давно пора бы было воротиться».
Он говорит, а сам все морщит лоб.

«Да!.. Время!..
Ты не коммунист?»
«Нет!..»
«А сестры стали комсомолки.
Такая гадость! Просто удавись!
Вчера иконы выбросили с полки,
На церкви комиссар снял крест.
Теперь и Богу негде помолиться.
Уж я хожу украдкой нынче в лес,
Молюсь осинам...
Может, пригодится...
Пойдем домой —
Ты все увидишь сам».

И мы идем, топча межой кукольни.
Я улыбаюсь пашням и лесам,
А дед с тоской глядит на колокольню.
. . . .
. . . .

«Здорово, мать! Здорово!»
И я опять тяну к глазам платок.
Тут разрыдаться может и корова,
Глядя на этот бедный уголок.

На стенке календарный Ленин.
Здесь жизнь сестер,
Сестер, а не моя, —
Но все ж готов упасть я на колени,
Увидев вас, любимые края.

Пришли соседи...
Женщина с ребенком.

Уже никто меня не узнает.
По-байроновски наша собачонка
Меня встречала с лаем у ворот.

Ах, милый край!
Не тот ты стал,
Не тот.
Да уж и я, конечно, стал не прежний.
Чем мать и дед грустней и безнадежней,
Тем веселей сестры смеется рот.

Конечно, мне и Ленин не икона,
Я знаю мир...
Люблю мою семью...
Но отчего-то все-таки с поклоном
Сажусь на деревянную скамью.

«Ну, говори, сестра!»

И вот сестра разводит,
Раскрыв, как Библию, пузатый «Капитал»,
О Марксе,
Энгельсе...
Ни при какой погоде
Я этих книг, конечно, не читал.

И мне смешно,
Как шустрая девчонка
Меня во всем за шиворот берет...
. . . .
. . . .
По-байроновски наша собачонка
Меня встречала с лаем у ворот.

1 июня 1924

Анна Снегина

Поэма

Лидия Ивановна Кашина, с 1911 г. владелица поместья в с. Константинове, близкая знакомая С. А. Есенина, прообраз Анны Снегиной.

АННА СНЕГИНА
поэма

А. Воронскому

1

«Село, значит, наше — Радово,
Дворов, почитай, два ста.
Тому, кто его оглядывал,
Приятственны наши места.
Богаты мы лесом и водью,
Есть пастбища, есть поля.
И по всему угодью
Рассажены тополя.

Мы в важные очень не лезем,
Но все же нам счастье дано.
Дворы у нас крыты железом,
У каждого сад и гумно.
У каждого крашены ставни,
По праздникам мясо и квас.
Недаром когда-то исправник
Любил погостить у нас.

Оброки платили мы к сроку,
Но — грозный судья — старшина
Всегда прибавлял к оброку
По мере муки и пшена.

И чтоб избежать напасти,
Излишек нам был без тягóт.
Раз — власти, на то они власти,
А мы лишь простой народ.

Но люди — все грешные души.
У многих глаза — что клыки.
С соседней деревни Криуши
Косились на нас мужики.
Житье у них было плохое —
Почти вся деревня вскачь
Пахала одной сохою
На паре заезженных кляч.

Каких уж тут ждать обилий, —
Была бы душа жива.
Украдкой они рубили
Из нашего леса дрова.
Однажды мы их застали...
Они в топоры, мы тож.
От звона и скрежета стали
По телу катилась дрожь.

В скандале убийством пахнет.
И в нашу и в их вину
Вдруг кто-то из них как ахнет! —
И сразу убил старшину.
На нашей быдластой сходке
Мы делу условили ширь.
Судили. Забили в колодки
И десять услали в Сибирь.
С тех пор и у нас неуряды.
Скатилась со счастья вожжа,
Почти что три года кряду
У нас то падеж, то пожар».

312

*

Такие печальные вести
Возница мне пел весь путь.
Я в радовские предместья
Ехал тогда отдохнуть.

Война мне всю душу изъела.
За чей-то чужой интерес
Стрелял я в мне близкое тело
И грудью на брата лез.
И понял, что я — игрушка,
В тылу же купцы да знать,
И, твердо простившись с пушками,
Решил лишь в стихах воевать.
Я бросил мою винтовку,
Купил себе «липу»[1], и вот
С такою-то подготовкой
Я встретил 17-ый год.

Свобода взметнулась неистово.
И в розово-смрадном огне
Тогда над страною калифствовал
Керенский на белом коне.
Война «до конца», «до победы».
И ту же сермяжную рать
Прохвосты и дармоеды
Сгоняли на фронт умирать.
Но всё же не взял я шпагу...
Под грохот и рев мортир
Другую явил я отвагу —
Был первый в стране дезертир.

---

[1] «Л и п а» — подложный документ. (*Прим. С. А. Есенина.*)

*

Дорога довольно хорошая,
Приятная хладная звень.
Луна золотою порошею
Осыпала даль деревень.
«Ну, вот оно, наше Радово, —
Промолвил возница, —
Здесь!
Недаром я лошади вкладывал
За норов ее и спесь.
Позволь, гражданин, на чаишко.
Вам к мельнику надо?
Так вон!..
Я требую с вас без излишка
За дальний такой прогон».

. . . .

Даю сороковку.
«Мало!»
Даю еще двадцать.
«Нет!»
Такой отвратительный малый.
А малому тридцать лет.
«Да что ж ты?
Имеешь ли душу?
За что ты с меня гребешь?»
И мне отвечает туша:
«Сегодня плохая рожь.
Давайте еще незвонких
Десяток иль штучек шесть —
Я выпью в шинке самогонки
За ваше здоровье и честь...»

*

И вот я на мельнице...
Ельник
Осыпан свечьми светляков.
От радости старый мельник
Не может сказать двух слов:
«Голубчик! Да ты ли?
Сергуха!
Озяб, чай? Поди, продрог?
Да ставь ты скорее, старуха,
На стол самовар и пирог!»

В апреле прозябнуть трудно,
Особенно так в конце.
Был вечер задумчиво чудный,
Как дружья улыбка в лице.
Объятья мельника круты,
От них заревет и медведь,
Но все же в плохие минуты
Приятно друзей иметь.

«Откуда? Надолго ли?»
«На год».
«Ну, значит, дружище, гуляй!
Сим летом грибов и ягод
У нас хоть в Москву отбавляй.
И дичи здесь, братец, до черта,
Сама так под порох и прет.
Подумай ведь только...
Четвертый
Тебя не видали мы год...»

. . . .

Беседа окончена...
Чинно
Мы выпили весь самовар.
По-старому с шубой овчинной
Иду я на свой сеновал.
Иду я разросшимся садом,
Лицо задевает сирень.
Так мил моим вспыхнувшим взглядам
Состарившийся плетень.
Когда-то у той вон калитки
Мне было шестнадцать лет,
И девушка в белой накидке
Сказала мне ласково: «Нет!»
Далекие, милые были.
Тот образ во мне не угас...
Мы все в эти годы любили,
Но мало любили нас.

2

«Ну что же! Вставай, Сергуша!
Еще и заря не текла,
Старуха за милую душу
Оладьев тебе напекла.
Я сам-то сейчас уеду
К помещице Снегиной...
Ей
Вчера настрелял я к обеду
Прекраснейших дупелей».

Привет тебе, жизни денница!
Встаю, одеваюсь, иду.
Дымком отдает росяница
На яблонях белых в саду.

Я думаю:
Как прекрасна
Земля
И на ней человек.
И сколько с войной несчастных
Уродов теперь и калек!
И сколько зарыто в ямах!
И сколько зароют еще!
И чувствую в скулах упрямых
Жестокую судоргу щек.

Нет, нет!
Не пойду навеки!
За то, что какая-то мразь
Бросает солдату-калеке
Пятак или гривенник в грязь.

«Ну, доброе утро, старуха!
Ты что-то немного сдала...»
И слышу сквозь кашель глухо:
«Дела одолели, дела.
У нас здесь теперь неспокойно.
Испариной все зацвело.
Сплошные мужицкие войны —
Дерутся селом на село.
Сама я своими ушами
Слыхала от прихожан:
То радовцев бьют криушане,
То радовцы бьют криушан.
И все это, значит, безвластье.
Прогнали царя...
Так вот...
Посыпались все напасти
На наш неразумный народ.
Открыли зачем-то остроги,

Злодеев пустили лихих.
Теперь на большой дороге
Покою не знай от них.
Вот тоже, допустим... с Криуши...
Их нужно б в тюрьму за тюрьмой,
Они ж, воровские души,
Вернулись опять домой.
У них там есть Прон Оглоблин,
Булдыжник, драчун, грубиян.
Он вечно на всех озлоблен,
С утра по неделям пьян.
И нагло в третьёвом годе,
Когда объявили войну,
При всем честном народе
Убил топором старшину.
Таких теперь тысячи стало
Творить на свободе гнусь.
Пропала Расея, пропала...
Погибла кормилица Русь...»

Я вспомнил рассказ возницы
И, взяв свою шляпу и трость,
Пошел мужикам поклониться,
Как старый знакомый и гость.

*

Иду голубою дорожкой
И вижу — навстречу мне
Несется мой мельник на дрожках
По рыхлой еще целине.
«Сергуха! За милую душу!
Постой, я тебе расскажу!
Сейчас! Дай поправить вожжу,
Потом и тебя оглоушу.

Чего ж ты мне утром ни слова?
Я Снегиным так и бряк:
Приехал ко мне, мол, веселый
Один молодой чудак.
(Они ко мне очень желанны,
Я знаю их десять лет.)
А дочь их замужняя Анна
Спросила:
— Не тот ли, поэт?
— Ну, да, — говорю, — он самый.
— Блондин?
— Ну, конечно, блондин!
— С кудрявыми волосами?
— Забавный такой господин!
— Когда он приехал?
— Недавно.
— Ах, мамочка, это он!
Ты знаешь,
Он был забавно
Когда-то в меня влюблен.
Был скромный такой мальчишка,
А нынче...
Поди ж ты...
Вот...
Писатель...
Известная шишка...
Без просьбы уж к нам не придет».

И мельник, как будто с победы,
Лукаво прищурил глаз:
«Ну, ладно! Прощай до обеда!
Другое сдержу про запас».

Я шел по дороге в Криушу
И тростью сшибал зеленя.

Ничто не пробилось мне в душу,
Ничто не смутило меня.
Струилися запахи сладко,
И в мыслях был пьяный туман...
Теперь бы с красивой солдаткой
Завесть хорошо роман.

*

Но вот и Криуша...
Три года
Не зрел я знакомых крыш.
Сиреневая погода
Сиренью обрызгала тишь.
Не слышно собачьего лая,
Здесь нечего, видно, стеречь —
У каждого хата гнилая,
А в хате ухваты да печь.
Гляжу, на крыльце у Прона
Горластый мужицкий галдеж.
Толкуют о новых законах,
О ценах на скот и рожь.
«Здорово, друзья!»
«Э, охотник!»
Здорово, здорово!
Садись!
Послушай-ка ты, беззаботник,
Про нашу крестьянскую жисть.
Что нового в Питере слышно?
С министрами, чай, ведь знаком?
Недаром, едрит твою в дышло,
Воспитан ты был кулаком.
Но все ж мы тебя не порочим.
Ты — свойский, мужицкий, наш,

Бахвалишься славой не очень
И сердце свое не продашь.
Бывал ты к нам зорким и рьяным,
Себя вынимал на испод...
Скажи:
Отойдут ли крестьянам
Без выкупа пашни господ?
Кричат нам,
Что землю не троньте,
Еще не настал, мол, миг.
За что же тогда на фронте
Мы губим себя и других?»

И каждый с улыбкой угрюмой
Смотрел мне в лицо и в глаза,
А я, отягченный думой,
Не мог ничего сказать.
Дрожали, качались ступени,
Но помню
Под звон головы:
«Скажи,
Кто такое Ленин?»
Я тихо ответил:
«Он — вы».

3

На корточках ползали слухи,
Судили, решали, шепча.
И я от моей старухи
Достаточно их получал.

Однажды, вернувшись с тяги,
Я лег подремать на диван.
Разносчик болотной влаги,
Меня прознобил туман.

Трясло меня, как в лихорадке,
Бросало то в холод, то в жар,
И в этом проклятом припадке
Четыре я дня пролежал.

Мой мельник с ума, знать, спятил.
Поехал,
Кого-то привез...
Я видел лишь белое платье
Да чей-то привздернутый нос.
Потом, когда стало легче,
Когда прекратилась трясь,
На пятые сутки под вечер
Простуда моя улеглась.
Я встал.
И лишь только пола
Коснулся дрожащей ногой,
Услышал я голос веселый:
«А!
Здравствуйте, мой дорогой!
Давненько я вас не видала.
Теперь из ребяческих лет
Я важная дама стала,
А вы — знаменитый поэт.

. . . .

Ну, сядем.
Прошла лихорадка?
Какой вы теперь не такой!
Я даже вздохнула украдкой,
Коснувшись до вас рукой.
Да...
Не вернуть, что было.
Все годы бегут в водоем.

Когда-то я очень любила
Сидеть у калитки вдвоем.
Мы вместе мечтали о славе...
И вы угодили в прицел,
Меня же про это заставил
Забыть молодой офицер...»

*

Я слушал ее и невольно
Оглядывал стройный лик.
Хотелось сказать:
«Довольно!
Найдемте другой язык!»

Но почему-то, не знаю,
Смущенно сказал невпопад:
«Да... Да...
Я сейчас вспоминаю...
Садитесь.
Я очень рад.
Я вам прочитаю немного
Стихи
Про кабацкую Русь...
Отделано четко и строго.
По чувству — цыганская грусть».
«Сергей!
Вы такой нехороший.
Мне жалко,
Обидно мне,
Что пьяные ваши дебоши
Известны по всей стране.
Скажите:
Что с вами случилось?»
«Не знаю».

«Кому же знать?»
«Наверно, в осеннюю сырость
Меня родила моя мать».
«Шутник вы...»
«Вы тоже, Анна».
«Кого-нибудь любите?»
«Нет».
«Тогда еще более странно
Губить себя с этих лет:
Пред вами такая дорога...»

Сгущалась, туманилась даль...
Не знаю, зачем я трогал
Перчатки ее и шаль.

. . . .

Луна хохотала, как клоун.
И в сердце хоть прежнего нет,
По-странному был я полон
Наплывом шестнадцати лет.
Расстались мы с ней на рассвете
С загадкой движений и глаз...

Есть что-то прекрасное в лете,
А с летом прекрасное в нас.

*

Мой мельник...
Ох, этот мельник!
С ума меня сводит он.
Устроил волынку, бездельник,
И бегает как почтальон.
Сегодня опять с запиской,
Как будто бы кто-то влюблен:

«Придите.
Вы самый близкий.
С любовью
Оглоблин Прон».

Иду.
Прихожу в Криушу.
Оглоблин стоит у ворот
И спьяну в печенки и в душу
Костит обнищалый народ.
«Эй, вы!
Тараканье отродье!
Все к Снегиной!..
Р- раз и квас!
Даешь, мол, твои угодья
Без всякого выкупа с нас!»
И тут же, меня завидя,
Снижая сварливую прыть,
Сказал в неподдельной обиде:
«Крестьян еще нужно варить».

«Зачем ты позвал меня, Проша?»
«Конечно, ни жать, ни косить.
Сейчас я достану лошадь
И к Снегиной... вместе...
Просить...»
И вот запрягли нам клячу.
В оглоблях мосластая шкеть —
Таких отдают с придачей,
Чтоб только самим не иметь.
Мы ехали мелким шагом,
И путь нас смешил и злил:
В подъемах по всем оврагам
Телегу мы сами везли.

Приехали.
Дом с мезонином
Немного присел на фасад.
Волнующе пахнет жасмином
Плетневый его палисад.
Слезаем.
Подходим к террасе
И, пыль отряхая с плеч,
О чьем-то последнем часе
Из горницы слышим речь:
«Рыдай — не рыдай, — не помога...
Теперь он холодный труп...
Там кто-то стучит у порога.
Припудрись...
Пойду отопру...»

Дебелая грустная дама
Откинула добрый засов.
И Прон мой ей брякнул прямо
Про землю,
Без всяких слов.
«Отдай!.. —
Повторял он глухо. —
Не ноги ж тебе целовать!»

Как будто без мысли и слуха
Она принимала слова.
Потом в разговорную очередь
Спросила меня
Сквозь жуть:
«А вы, вероятно, к дочери?
Присядьте...
Сейчас доложу...»

Теперь я отчетливо помню
Тех дней роковое кольцо.
Но было совсем не легко мне
Увидеть ее лицо.
Я понял —
Случилось горе,
И молча хотел помочь.
«Убили... Убили Борю...
Оставьте!
Уйдите прочь!
Вы — жалкий и низкий трусишка.
Он умер...
А вы вот здесь...»
Нет, это уж было слишком.
Не всякий рожден перенесть.
Как язвы, стыдясь оплеухи,
Я Прону ответил так:
«Сегодня они не в духе...
Поедем-ка, Прон, в кабак...»

4

Все лето провел я в охоте.
Забыл ее имя и лик.
Обиду мою
На болоте
Оплакал рыдальщик-кулик.

Бедна наша родина кроткая
В древесную цветень и сочь,
И лето такое короткое,
Как майская теплая ночь.
Заря холодней и багровей.
Туман припадает ниц.

Уже в облетевшей дуброве
Разносится звон синиц.

Мой мельник вовсю улыбается,
Какая-то вéселость в нем.
«Теперь мы, Сергуха, по зайцам
За милую душу пальнем!»
Я рад и охоте...
Коль нечем
Развеять тоску и сон.
Сегодня ко мне под вечер,
Как месяц, вкатился Прон.
«Дружище!
С великим счастьем!
Настал ожидаемый час!
Приветствую с новой властью!
Теперь мы всех р-раз — и квас!
Без всякого выкупа с лета
Мы пашни берем и леса.
В России теперь Советы
И Ленин — старшой комиссар.
Дружище!
Вот это номер!
Вот это почин так почин.
Я с радости чуть не помер,
А брат мой в штаны намочил.
Едри ж твою в бабушку плюнуть!
Гляди, голубарь, веселей!
Я первый сейчас же коммуну
Устрою в своем селе».

У Прона был брат Лабутя,
Мужик — что твой пятый туз:
При всякой опасной минуте
Хвальбишка и дьявольский трус.

Таких вы, конечно, видали.
Их рок болтовней наградил.
Носил он две белых медали
С японской войны на груди.
И голосом хриплым и пьяным
Тянул, заходя в кабак:
«Прославленному под Ляояном
Ссудите на четвертак...»
Потом, насосавшись до дури,
Взволнованно и горячо
О сдавшемся Порт-Артуре
Соседу слезил на плечо.
«Голубчик! —
Кричал он. —
Петя!
Мне больно... Не думай, что пьян.
Отвагу мою на свете
Лишь знает один Ляоян».

Такие всегда на примете.
Живут, не мозоля рук.
И вот он, конечно, в Совете,
Медали запрятал в сундук.
Но с тою же важной осанкой,
Как некий седой ветеран,
Хрипел под сивушной банкой
Про Нерчинск и Турухан:
«Да, братец!
Мы горе видали,
Но нас не запугивал страх...»
. . . .

Медали, медали, медали
Звенели в его словах.
Он Прону вытягивал нервы,

И Прон материл не судом.
Но все ж тот поехал первый
Описывать снегинский дом.

В захвате всегда есть скорость:
— Даешь! Разберем потом!
Весь хутор забрали в волость
С хозяйками и со скотом.
А мельник...

. . . .

Мой старый мельник
Хозяек привез к себе,
Заставил меня, бездельник,
В чужой ковыряться судьбе.
И снова нахлынуло что-то...
Тогда я всю ночь напролет
Смотрел на скривленный заботой
Красивый и чувственный рот.

Я помню —
Она говорила:
«Простите... Была не права...
Я мужа безумно любила.
Как вспомню... болит голова...
Но вас
Оскорбила случайно...
Жестокость была мой суд...
Была в том печальная тайна,
Что страстью преступной зовут.
Конечно,
До этой осени
Я знала б счастливую быль...
Потом бы меня вы бросили,

Как выпитую бутыль...
Поэтому было не надо...
Ни встреч... ни вообще продолжать...
Тем более с старыми взглядами
Могла я обидеть мать».

Но я перевел на другое,
Уставясь в ее глаза,
И тело ее тугое
Немного качнулось назад.
«Скажите,
Вам больно, Анна,
За ваш хуторской разор?»
Но как-то печально и странно
Она опустила свой взор.
. . . .

«Смотрите...
Уже светает.
Заря как пожар на снегу...
Мне что-то напоминает...
Но что?..
Я понять не могу...
Ах!.. Да...
Это было в детстве...
Другой... Не осенний рассвет...
Мы с вами сидели вместе...
Нам по шестнадцать лет...»

Потом, оглядев меня нежно
И лебедя выгнув рукой,
Сказала как будто небрежно:
«Ну, ладно...
Пора на покой...»
. . . .

Под вечер они уехали.
Куда?
Я не знаю куда.
В равнине, проложенной вехами,
Дорогу найдешь без труда.

Не помню тогдашних событий,
Не знаю, что сделал Прон.
Я быстро умчался в Питер
Развеять тоску и сон.

5

Суровые, грозные годы!
Ну разве всего описать?
Слыхали дворцовые своды
Солдатскую крепкую «мать».

Эх, удаль!
Цветение в далях!
Недаром чумазый сброд
Играл по дворам на роялях
Коровам тамбовский фокстрот.
За хлеб, за овес, за картошку
Мужик залучил граммофон, —
Слюнявя козлиную ножку,
Танго́ себе слушает он.
Сжимая от прибыли руки,
Ругаясь на всякий налог,
Он мыслит до дури о штуке,
Катающейся между ног.

Шли годы
Размашисто, пылко...
Удел хлебороба гас.
Немало попрело в бутылках

«Керёнок» и «ходей» у нас.
Фефела! Кормилец! Касатик!
Владелец землей и скотом,
За пару измызганных «катек»
Он даст себя выдрать кнутом.

Ну, ладно.
Довольно стонов!
Не нужно насмешек и слов!
Сегодня про участь Прона
Мне мельник прислал письмо:
«Сергуха! За милую душу!
Привет тебе, братец! Привет!
Ты что-то опять в Криушу
Не кажешься целых шесть лет!
Утешь!
Соберись, на милость!
Прижваривай по весне!
У нас здесь такое случилось,
Чего не расскажешь в письме.
Теперь стал спокой в народе,
И буря пришла в угомон.
Узнай, что в двадцатом годе
Расстрелян Оглоблин Прон.

Расея...
Дуровая зыкь она.
Хошь верь, хошь не верь ушам —
Однажды отряд Деникина
Нагрянул на криушан,
Вот тут и пошла потеха...
С потехи такой — околеть.
Со скрежетом и со смехом
Гульнула казацкая плеть.
Тогда вот и чикнули Проню,

Лабутя ж в солому залез
И вылез,
Лишь только кони
Казацкие скрылись в лес.
Теперь он по пьяной морде
Еще не устал голосить:
«Мне нужно бы красный орден
За храбрость мою носить».
Совсем прокатились тучи...
И хоть мы живем не в раю,
Ты все ж приезжай, голубчик,
Утешить судьбину мою...»

*

И вот я опять в дороге.
Ночная июньская хмарь.
Бегут говорливые дроги
Ни шатко ни валко, как встарь.
Дорога довольно хорошая,
Равнинная тихая звень.
Луна золотою порошею
Осыпала даль деревень.
Мелькают часовни, колодцы,
Околицы и плетни.
И сердце по-старому бьется,
Как билось в далекие дни.

Я снова на мельнице...
Ельник
Усыпан свечьми светляков.
По-старому старый мельник
Не может связать двух слов:
«Голубчик! Вот радость! Сергуха!

Озяб, чай? Поди, продрог?
Да ставь ты скорее, старуха,
На стол самовар и пирог.
Сергунь! Золотой! Послушай!
. . . .
И ты уж старик по годам...
Сейчас я за милую душу
Подарок тебе передам».
«Подарок?»
«Нет...
Просто письмишко.
Да ты не спеши, голубок!
Почти что два месяца с лишком
Я с почты его приволок».

Вскрываю... читаю... Конечно!
Откуда же больше и ждать!
И почерк такой беспечный,
И лондонская печать.

«Вы живы?.. Я очень рада...
Я тоже, как вы, жива.
Так часто мне снится ограда,
Калитка и ваши слова.
Теперь я от вас далёко...
В России теперь апрель.
И синею заволокой
Покрыта береза и ель.
Сейчас вот, когда бумаге
Вверяю я грусть моих слов,
Вы с мельником, может, на тяге
Подслушиваете тетеревов.
Я часто хожу на пристань

И, то ли на радость, то ль в страх,
Гляжу средь судов все пристальней
На красный советский флаг.
Теперь там достигли силы.
Дорога моя ясна...
Но вы мне по-прежнему милы,
Как родина и как весна».

. . . .

Письмо как письмо.
Беспричинно.
Я в жисть бы таких не писал.

По-прежнему с шубой овчинной
Иду я на свой сеновал.
Иду я разросшимся садом,
Лицо задевает сирень.
Так мил моим вспыхнувшим взглядам
Погорбившийся плетень.
Когда-то у той вон калитки
Мне было шестнадцать лет.
И девушка в белой накидке
Сказала мне ласково: «Нет!»
Далекие милые были!..
Тот образ во мне не угас.

Мы все в эти годы любили,
Но, значит,
Любили и нас.

Январь 1925
Батум

Пушкину

ПУШКИНУ

Мечтая о могучем даре
Того, кто русской стал судьбой,
Стою я на Тверском бульваре,
Стою и говорю с собой.

Блондинистый, почти белесый,
В легендах ставший как туман,
О Александр! Ты был повеса,
Как я сегодня хулиган.

Но эти милые забавы
Не затемнили образ твой,
И в бронзе выкованной славы
Трясешь ты гордой головой.

А я стою, как пред причастьем,
И говорю в ответ тебе:
Я умер бы сейчас от счастья,
Сподобленный такой судьбе.

Но, обреченный на гоненье,
Еще я долго буду петь...
Чтоб и мое степное пенье
Сумело бронзой прозвенеть.

26 мая 1924

МОЙ ПУТЬ
(фрагмент)

Жизнь входит в берега,
Села давнишний житель,
Я вспоминаю то,
Что видел я в краю.
Стихи мои,
Спокойно расскажите
Про жизнь мою.
Изба крестьянская,
Хомутный запах дёгтя,
Божница старая,
Лампады кроткий свет.
Как хорошо,
Что я сберег те
Все ощущенья детских лет.
Под окнами
Костер метели белой.
Мне девять лет.
Лежанка, бабка, кот...
И бабка что-то грустное
Степное пела,
Порой зевая
И крестя свой рот.
Метель ревела.

Под оконцем
Как будто бы плясали мертвецы.
Тогда империя
Вела войну с японцем,
И всем далекие
Мерещились кресты.
Тогда не знал я
Черных дел России.
Не знал, зачем
И почему война.
Рязанские поля,
Где мужики косили,
Где сеяли свой хлеб,
Была моя страна.
Я помню только то,
Что мужики роптали,
Бранились в черта,
В бога и в царя.
Но им в ответ
Лишь улыбались дали
Да наша жидкая
Лимонная заря.
Тогда впервые
С рифмой я схлестнулся.
От сонма чувств
Вскружилась голова.
И я сказал:
Коль этот зуд проснулся,
Всю душу выплещу в слова.
Тогда в мозгу,
Влеченьем к музе сжатом,

Текли мечтанья
В тайной тишине,
Что буду я
Известным и богатым
И будет памятник
Стоять в Рязани мне.
1925

Я, Есенин Сергей

Биография в фотографиях

> Но тот, кто мыслил Девой,
> Взойдет в корабль звезды.
>
> *Есенин. «Октоих».*

Мне очень дорог тот образ Есенина, как он вырисовывался передо мной. Еще до революции, в 1916 году, меня поразила необычайная доброта, необычайная мягкость, необычайная чуткость и повышенная деликатность... Таким я видел его в 1916 году, таким я с ним встретился в 18—19 годах, таким, заболевшим, я видел его в 1921 году, и таким был наш последний разговор...

Андрей Белый

С двух лет был отдан на воспитание довольно зажиточному деду по матери, у которого было трое взрослых неженатых сыновей, с которыми протекло почти все мое детство. Дядья мои были ребята озорные и отчаянные. Трех с половиной лет они посадили меня на лошадь без седла и сразу пустили в галоп. Я помню, что очумел и очень крепко держался за холку. Потом меня учили плавать. Один дядя (дядя Саша) брал меня в лодку, отъезжал от берега, снимал с меня белье и, как щенка, бросал в воду. Я неумело и испуганно плескал руками, и, пока не захлебывался, он все кричал: «Эх! Стерва! Ну куда ты годишься?..» «Стерва» у него было слово ласкательное. После, лет восьми, другому дяде я часто заменял охотничью собаку, плавал по озерам за подстреленными утками. Очень хорошо лазил по деревьям. Среди мальчишек всегда был коноводом и большим драчуном и ходил всегда в царапинах. За озорство меня ругала только одна бабка, а дедушка иногда сам подзадоривал на кулачную и часто говорил бабке: «Ты у меня, дура, его не трожь, он так будет крепче!» Бабушка любила меня из всей мочи, и нежности ее не было границ.

Есенин. «О себе».

С. Есенин (третий справа) среди крестьян
села Константиново.

21 сентября (3 октября по нов. ст.) 1895 г. у крестьянина Александра Никитича Есенина и его жены Татьяны Федоровны, урожденной Титовой, родился сын Сергей. Место рождения — с. Константиново Рязанской губернии.

Сергей Есенин с сестрами —
Катей (слева) и Шурой. 1912 г.

Есенин — Екатерине Есениной.
Венеция, 10 августа 1922 г.

...Живи и гляди в оба. Все, что бы ты ни сделала плохого, будет исключительно плохо для тебя; если я узнаю, как приеду, что ты пила табачный настой, как однажды, или еще что, то оторву тебе голову или отдам в прачки. Того ты будешь достойна. Ты только должна учиться, учиться и читать. Язык держи за зубами. На все, исключительно на все, когда тебя будут выпытывать, отвечай «не знаю». Помимо гимназии, ты должна проходить школу жизни и помни, что люди не всегда есть хорошие. Думаю, что ты не дура и поймешь, о чем я говорю. Обо мне, о семье, о жизни семьи, о всем и о всем, что очень интересно знать моим врагам, — отмалчивайся, помни, что моя сила и мой вес — благополучие твое и Шуры.

Целую, твой Сергей.

1912. После окончания учительской школы в с. Спас-Клёпики переехал в Москву. Сразу же установил связи с Суриковским литературно-музыкальным кружком, опекавшим талантливых выходцев из народа.

1913. Начал заниматься на историко-философском отделении Московского городского народного университета им. А. Л. Шанявского.

Сергей Есенин. 1913 г.

Гриша Панфилов, друг поэта с отроческих лет. 1911 г.

Меня считают сумасшедшим и уже хотели везти к психиатру, но я послал всех к сатане... Да, Гриша, люби и жалей людей, и преступников, и подлецов, и лжецов, и страдальцев, и праведников. Ты мог и можешь быть любым из них. Люби и угнетателей и не клейми позором, а обнаруживай лаской жизненные болезни людей. Не избегай сойти с высоты, ибо не почувствуешь низа и не будешь о нем иметь представления...

С. Есенин — Грише Панфилову.
Москва, 23 апреля 1913 г.

Когда ... я подрос, из меня очень захотели сделать сельского учителя и потому отдали в церковно-учительскую школу, окончив которую я должен был поступить в Московский учительский институт. К счастью, этого не случилось.

Есенин. «О себе».

Первые публикации в московских тонких журналах.

Вступил в гражданский брак с Анной Романовной Изрядновой.

1 декабря (3 января нов. ст.) 1914 г. у Анны Изрядновой и Сергея Есенина родился сын Юрий.

С.А. Есенин среди работников Сытинской типографии. На переднем плане Анна Романовна Изряднова. 1914 г.

Александра Есенина
с племянником
Юрием Есениным.

Не с тоски я судьбы поджидаю,
Будет злобно крутить пороша.
И придет она к нашему краю
Обогреть своего малыша.

Снимет шубу и шали развяжет,
Примостится со мной у огня,
И спокойно и ласково скажет,
Что ребенок похож на меня.

1916

Афиша поэтического вечера.

> Александръ
>   Александровичъ,
> Я хотѣлъ бы поговорить
> съ Вами. Дѣло для
> меня очень важное.
> Вы меня не знаете,
> а можетъ быть что
> и встрѣчали по
> журналамъ мою
> фамилію. Хотѣлъ
> бы зайти часа в. 4
>   Съ почтеніемъ
>   С. Есенинъ.
>
> Крестьянинъ Рязанской
> губ., 19 лѣт. Стихи свои,
> частые, голосистые, многословные.
> Язык. Приходил ко мнѣ
> 9 Марта 1915.

Письмо С. Есенина А. Блоку с припиской А. Блока.

Стихи я начал писать очень рано, лет девяти, но сознательное творчество отношу к 16—17 годам. Некоторые стихи этих лет помещены в «Радунице». Восемнадцати лет я был удивлен, разослав свои стихи по журналам, что их не печатают, и поехал в Петербург. Там меня приняли весьма радушно. Первый, кого я увидел, был Блок, второй — Городецкий. Когда я смотрел на Блока, с меня капал пот, потому что я в первый раз видел живого поэта.

Есенин.
«О себе».

Днем у меня рязанский парень со стихами. Крестьянин Рязанской губ. 19 лет. Стихи свежие, чистые, голосистые, многословные. Язык. Приходил ко мне 9 марта 1915 года.

Александр Блок

Городецкий свел меня с Клюевым, о котором я раньше не слыхал ни слова. С Клюевым у нас завязалась, при всей нашей внутренней распре, большая дружба.

Есенин.
Автобиография. 1922 г.

1916. Широко публикуется в столичных толстых журналах. Заводит литературные знакомства. С помощью Клюева находит издателя для первого сборника стихов «Радуница».

В январе 1916 г. призван на военную службу и прикомандирован к Царскосельскому военному госпиталю в качестве санитара.

1916. 1 февраля отпечатан тираж «Радуницы».

Вы помните,
Вы все, конечно, помните,
Как я стоял,
приблизившись к стене,
Взволнованно ходили вы по комнате
И что-то резкое в лицо бросали мне.

Есенин.
Письмо к женщине. 1924.

Зинаида Николаевна Райх. 1924 г.(?)

В 1917 году произошла моя первая женитьба на З. Н. Райх. В 1918 году я с ней расстался, а после этого началась моя скитальческая жизнь, как и у всех россиян за период *1918—21 гг.*

Есенин. Автобиография. 1924 г.

Дочь Сергея Есенина и Зинаиды Райх — Таня. 1924 г.

З. Райх с детьми, Костей и Таней. 1924 г.

1917. В революцию покинул самовольно армию Керенского и, проживая дезертиром, работал с эсерами не как партийный, а как поэт.

Есенин. Автобиография. 1923.

1918. Январь. Написана поэма «Инония».

В апреле выехал на постоянное жительство в Москву.

Декабрь. Принят в члены московского профессионального союза писателей.

1919. Знакомство с А. Мариенгофом. Вскоре становится совладельцем литературного кафе имажинистов «Стойло Пегаса».

Сентябрь. Написана поэма «Кобыльи корабли».

Имажинисты. 1920 г.

Есенин — А. Б. Мариенгофу

Нью-Йорк, 12 ноября 1922 г.

Милый мой Толя!

Если бы ты знал, как вообще грустно, то не думал бы, что я забыл тебя... Каждый день, каждый час, и ложась спать, и вставая, я говорю: сейчас Мариенгоф в магазине, сейчас пришел домой... Даже стыдно, что так по-чеховски... Сейчас ты, вероятно, спишь, когда я пишу это письмо тебе. Потому что в России сейчас ночь, а здесь день. Вижу милую, остывшую печку, тебя, покрытого шубой, и Мартышан. Боже, лучше было есть глазами дым, плакать от него, но только бы не здесь, не здесь...

Если сестре моей худо живется, помоги как-нибудь ей. В апреле я обязательно буду на своей земле, тогда сочтемся... Недели две-три назад послал тебе телеграфом 5 пайков «Ара». Получил ли ты их?.. Ту же цифру послал Екатерине и Зинаиде. Зинаиде послал на Орел, Кромская, 57, Н. Райх. Другого адреса я не знал...

Поклонись всем, кто был мне дорог и кто хоть немного любил меня... Ну, прощай пока. Целую тебя и твою Мартышку. Изадора кланяется.

Твой Сергей

> Прощай, прощай.
> В пожарах лунных
> Дождусь ли радостного дня?
> Среди прославленных и юных
> Ты был всех лучше для меня.
>
> В такой-то срок, в таком-то годе
> Мы встретимся, быть может, вновь...
> Мне страшно, — ведь душа проходит,
> Как молодость и как любовь.

Есенин. Прощание с Мариенгофом.

А. Мариенгоф и С. Есенин. 1920 г.

1921. Осенью. Знакомство с Айседорой Дункан.

1922. В мае официально зарегистрирован брак Есенина с А. Дункан.

20 мая. Дункан и Есенин вылетели в Берлин.
2 октября. Прибыли в США.

1923. Август. Есенин вернулся в Россию. Написал и опубликовал в «Известиях» американские очерки «Железный Миргород».

В 1919 году я с рядом товарищей опубликовал манифест имажинизма. Имажинизм был формальной школой, которую мы хотели утвердить. Но эта школа не имела под собой почвы и умерла сама собой, оставив правду за органическим образом.

Не гляди на ее запястья
И с плечей ее льющийся шелк.
Я искал в этой женщине счастья,
А нечаянно гибель нашел.

Сергей Есенин с Айседорой Дункан
и ее приемной дочерью Ирмой. 1922 г.

Сергей Есенин и Айседора Дункан. Берлин.
Май 1922 г.

Сергей Есенин и Айседора Дункан в Америке.
1922 г.

1921 г. я женился на А. Дункан и уехал в Америку, предварительно исколесив всю Европу, кроме Испании. После заграницы я смотрел на страну свою и события по-другому. Наше едва остывшее кочевье мне не нравится. Мне нравится цивилизация. Но я очень не люблю Америки. Америка это тот смрад, где пропадает не только искусство, но и вообще лучшие порывы человечества. Если сегодня держат курс на Америку, то я готов тогда предпочесть наше серое небо и наш пейзаж: изба, немного вросла в землю, прясло, из прясла торчит огромная жердь, вдалеке машет хвостом на ветру тощая лошаденка. Это не то, что небоскреб... зато это то самое, что растило у нас: Толстого, Достоевского, Пушкина, Лермонтова...

Есенин. Автобиография. 1924 г.

1923. Осень. Познакомился с актрисой Августой Миклашевской. Ей посвящен цикл «Любовь хулигана».

Ты такая ж простая, как все,
Как сто тысяч таких в России.

Августа Миклашевская.
20-е годы.

Третьего октября 1924 года меня разбудили в восемь часов утра. Пришел Есенин. Мы уже встречались очень редко, но тревога за него была еще сильней. Он стоял бледный, похудевший.

— Сегодня день моего рождения. Вспомнил этот день прошлого года и пришел к вам... Меня посылают в Италию. Поедемте со мной. Я поеду, если вы поедете.

Вид у него был измученный, больной. Голос — хриплый.

Мы шли по улице, и у нас был нелепый вид. У него на затылке цилиндр (очевидно, опять надел ради дня рождения), на одной руке — лайковая перчатка, и я — с непокрытой головой, в накинутом на халат пальто, в туфлях на босу ногу. Но он перехитрил меня. Довел до цветочного магазина, купил огромную корзину хризантем и отвез домой.

— Извините за шум. — И ушел неизвестно куда...

1924. Вышел (в Ленинграде) сборник «Москва кабацкая».

Ноябрь-декабрь. Начало работы над «Анной Снегиной».

1925. Январь. Окончена «Анна Снегина». Первая встреча с Софьей Андреевной Толстой, внучкой Льва Толстого.

С. А. Толстая.
1924 г.

Милая, мне скоро стукнет тридцать,
И земля милей мне с каждым днем.
Оттого и сердцу стало сниться,
Что горю я розовым огнем.

Коль гореть, так уж гореть сгорая,
И недаром в липовую цветь
Вынул я кольцо у попугая —
В знак того, что вместе нам сгореть...

Сергей Есенин — Екатерине Есениной.
16 июня 1925 г.

Дорогая Екатерина!

Случилось очень многое, что переменило и больше всего переменяет мою жизнь. Я женюсь на Толстой и уезжаю с ней в Крым. Перед отъездом должен с тобой переговорить. Мне нужно собрать все свои вещи и оставить тебе на лето денег... Привет Шуре, отцу, матери и деду.

Твой Сергей.

1925. Вышли отдельной книгой «Персидские мотивы»

Шаганэ Нерсесовна Тальян, батумская приятельница Есенина.

Ты пропела: «За Ефратом
Розы лучше смертных дев».
Если был бы я богатым,
То другой сложил напев.

Я б порезал розы эти,
Ведь одна отрада мне —
Чтобы не было на свете
Лучше милой Шаганэ.

*Сергей Есенин —
Галине Артуровне Бениславской*
Баку, 6 апреля 1925 г.

Поймите и Вы, что я еду учиться. Я хочу проехать даже в Шираз... Там ведь родились все лучшие персидские лирики. И недаром говорят: если он не поет, значит, он не из Шушу, значит, он не из Шираза.

В Пятигорске Айседора спросила меня, будет ли концерт ее там, где убит русский поэт Лермонтов? Очевидно, Есенин говорил с ней о Лермонтове. Дункан плохо знала русскую поэзию... Из Пятигорска мы выехали в Баку. Баку очень понравился Айседоре. Наэлектризованная стремлением Есенина «в Персию!», она хотела как можно больше «экзотики». И я легко удовлетворил это ее желание, наняв извозчика до Шиховой деревни, ничем не отличавшейся от деревушки в соседнем Иранском Азербайджане. Деревня ей настолько понравилась, что она стала туда ездить каждый день. Это было не очень приятное путешествие — на извозчике, мимо раскаленных и зарывшихся в песок голых тюркских кладбищ, — но Айседора буквально наслаждалась видом слепых домиков, узких улочек и необыкновенной тишиной этой, казалось бы, совсем безлюдной «персидской деревни».

30 июня. Подписал договор с Госиздатом на издание Собрания стихотворений в трех томах.

12—14 декабря. Закончил поэму «Черный человек», над которой работал два года. Напечатана уже после смерти Есенина.

23 декабря. Вечерним поездом выехал в Ленинград. Остановился в гостинице «Англетер».

27 декабря. Написал стихотворение «До свиданья, друг мой, до свиданья».

Ночь с 27 на 28. Покончил жизнь самоубийством в № 5 гостиницы «Англетер».

С. Есенин в гробу. Ленинград. Союз Поэтов и Писателей. Возле гроба: Н. Клюев, И. Ионов, И. Садофьев

29 декабря. В помещении Ленинградского отдела Союза писателей состоялась гражданская панихида.

* * *

Несказанное, синее, нежное...
Тих мой край после бурь, после гроз,
И душа моя — поле безбрежное —
Дышит запахом меда и роз.

Я утих. Годы сделали дело,
Но того, что прошло, не кляну.
Словно тройка коней оголтелая
Прокатилась во всю страну.

Напылили кругом. Накопытили.
И пропали под дьявольский свист.
А теперь вот в лесной обители
Даже слышно, как падает лист.

Колокольчик ли, дальнее эхо ли, —
Все спокойно впивает грудь.
Стой, душа! Мы с тобой проехали
Через бурный положенный путь.

Разберемся во всем, что видели,
Что случилось, что сталось в стране,
И простим, где нас горько обидели
По чужой и по нашей вине.

*Принимаю, что было и не было,
Только жаль на тридцатом году —
Слишком мало я в юности требовал,
Забываясь в кабацком чаду.*

*Но ведь дуб молодой, не разжелудясь,
Так же гнется, как в поле трава...
Эх ты, молодость, буйная молодость,
Золотая сорвиголова!*

1925

СОДЕРЖАНИЕ

СОЛОВЬИНЫЙ РАССВЕТ

«Не жалею, не зову, не плачу...» 7

«Я по первому снегу бреду...». 8

«Там, где капустные грядки...» 9

«Вот уж вечер. Роса...». 10

«Выткался на озере алый свет зари...». 11

«Хороша была Танюша, краше не было в селе...» . . . 12

«Сыплет черемуха снегом...». 13

«Заиграй, сыграй, тальяночка, малиновы меха...» . . . 14

«Край любимый! Сердцу снятся...» 15

«Гой ты, Русь, моя родная...» 16

«Я пастух, мои палаты...» 17

«Топи да болота...». 18

«Я снова здесь, в семье родной...» 19

«О товарищах веселых...» 20

«Запели тесаные дроги...» 21

«О красном вечере задумалась дорога...» 22

«Нощь и поле, и крик петухов...» 23

«Весна на радость не похожа...» 24

«Колокольчик среброзвонный...» 25
«Где ты, где ты, отчий дом...» 26
«Зеленая прическа...» 27
«Не бродить, не мять в кустах багряных...» . . . 29
«Вот оно, глупое счастье...» 31
«Я покинул родимый дом...» 32
«Хорошо под осеннюю свежесть...» 33
«Закружилась листва золотая...» 34

ВНУК КУПАЛЬСКОЙ НОЧИ

Песнь о собаке 38
«Дымом половодье...» 40
«Матушка в купальницу по лесу ходила...» . . . 41
Корова 42
Лисица 43
«В том краю, где желтая крапива...» 44
«То не тучи бродят за овином...» 46
«За темной прядью перелесиц...» 48
«Синее небо, цветная дуга...» 49
«О край дождей и непогоды...» 50
«Гляну в поле, гляну в небо...» 51
«Даль подернулась туманом...» 52
«Отвори мне, страж заоблачный...» 53
Пропавший месяц 54
«Душа грустит о небесах...» 56
«Нивы сжаты, рощи голы...» 57
«Не напрасно дули ветры...» 58

ЧУЮ РАДУНИЦУ БОЖЬЮ

«Не ветры осыпают пущи...» 61
«По дороге идут богомолки...» 62
«Шел Господь пытать людей в любови...» . . . 63
Осень 64
«Сторона ль моя, сторонка...» 65
«Пойду в скуфье смиренным иноком...» 66
«Сохнет стаявшая глина...» 67
«Чую радуницу Божью...» 68
«Троицыно утро, утренний канон...» 69
«Алый мрак в небесной черни...» 70
«За горами, за желтыми долами...» 71
«Покраснела рябина...» 72
«Опять раскинулся узорно...» 74
«Твой глас незримый, как дым в избе...» 76
«О Матерь Божья...» 77
«О пашни, пашни, пашни...» 78

ВРЕМЯ МОЕ ПРИСПЕЛО

«Разбуди меня завтра рано...» 82
«Там, где вечно дремлет тайна...» 83
«Тучи с ожерёба...» 84
«О муза, друг мой гибкий...» 86
«О Русь, взмахни крылами...» 88
Пантократор (*поэма*) 91
Инония (*поэма*) 94

ДУША МОЯ УСТАЛА И СМУЩЕНА

«Устал я жить в родном краю...» 103
«Песни, песни, о чем вы кричите?..» 105
«Теперь любовь моя не та...» 106
«Ветры, ветры, о снежные ветры...» 107
Кобыльи корабли. 108
«По-осеннему кычет сова...» 112
Хулиган. 113
Исповедь хулигана 115
«Сторона ль ты моя, сторона!..» 118
«Все живое особой метой...» 120
«Мир таинственный, мир мой древний...» 122
Прощание с Мариенгофом 124
«Не ругайтесь! Такое дело!..» 126
«Я обманывать себя не стану...» 127
«Да! Теперь решено. Без возврата...». 129
«Снова пьют здесь, дерутся и плачут...» . . . 131
«Сыпь, гармоника! Скука... Скука...» 133
«Пой же, пой. На проклятой гитаре...» 135
«Мне осталась одна забава...» 137
«Я усталым таким еще не был...». 139
«Годы молодые с забубенной славой...» . . . 141
Письмо матери 143
«Мы теперь уходим понемногу...» 145
«Этой грусти теперь не рассыпать...». 147

«Отговорила роща золотая...» 149
«Не вернусь я в отчий дом...» 151
«Гори, звезда моя, не падай...» 153
«Листья падают, листья падают...» 155
«Слышишь — мчатся сани...» 157
«Сочинитель бедный, это ты ли...» 158
Песня 159
«Клен ты мой опавший, клен заледенелый...» 161
«Снежная равнина, белая луна...» 162

СУМАСШЕДШЕЕ СЕРДЦЕ ПОЭТА

ИЗ ЦИКЛА «ЛЮБОВЬ ХУЛИГАНА»
«Заметался пожар голубой...» 165
«Ты такая ж простая, как все...» 166
«Пускай ты выпита другим...» 167
«Дорогая, сядем рядом...». 168
Мне грустно на тебя смотреть... 169
«Ты прохладой меня не мучай...» 170
«Вечер черные брови насопил...» 171
«Я помню, любимая, помню...» 173
Письмо к женщине 174
Собаке Качалова 178
«Видно, так заведено навеки...» 180
«Вижу сон. Дорога черная...». 182
«Ну, целуй меня, целуй...» 184

«Над окошком месяц. Под окошком ветер...» 186
«Свищет ветер, серебряный ветер...» 187
«Сыпь, тальянка, звонко, сыпь,
  тальянка, смело!..» 188
«Эх вы, сани! А кони, кони!..» 189
«Голубая кофта. Синие глаза...» 191
«Снежная замять крутит бойко...» 192
«Плачет метель, как цыганская скрипка...». 193
«Вечером синим, вечером лунным...». 194
«Не криви улыбку, руки теребя...» 195
«Какая ночь! Я не могу...» 196
«Не гляди на меня с упреком...» 198
«Ты меня не любишь, не жалеешь...» 200
«Может, поздно, может, слишком рано...» 202
«Кто я? Что я? Только лишь мечтатель...» 204
«Синий май. Заревая теплынь...» 206
«Цветы мне говорят — прощай...» 208

ДОРОГИЕ МОИ, ДОРОГИЕ, ХОРОШИЕ

«Я последний поэт деревни...» 211
Монолог Пугачева из драматической
  поэмы «Пугачев» 212
«Заря окликает другую...» 213
«Эта улица мне знакома...» 215
«Каждый труд благослови, удача!..» 217
«Мелколесье. Степь и дали...» 219

«Синий туман. Снеговое раздолье...» 221
«Низкий дом с голубыми ставнями...» 223
«Я иду долиной. На затылке кепи...» 225
«Я красивых таких не видел...» 227
«Ах, как много на свете кошек...» 228
«Ты запой мне ту песню, что прежде...» 229
«В этом мире я только прохожий...» 231
«Снежная замять дробится и колется...» 232
«Спит ковыль. Равнина дорогая...» 234

НИКОГДА Я НЕ БЫЛ НА БОСФОРЕ

«Прощай, Баку! Тебя я не увижу...» 237
«Жизнь — обман с чарующей тоскою...» 238

ПЕРСИДСКИЕ МОТИВЫ

«Улеглась моя былая рана...» 240
«Я спросил сегодня у менялы...» 242
«Шаганэ ты моя, Шаганэ!..» 243
«Ты сказала, что Саади...» 245
«Никогда я не был на Босфоре...» 246
«Свет вечерний шафранного края...» 248
«Воздух прозрачный и синий...» 250
«Золото холодное луны...» 251
«В Хороссане есть такие двери...» 253
«Голубая родина Фирдуси...» 254
«Быть поэтом — это значит то же...» 255

«Руки милой — пара лебедей...» 256
«Отчего луна так светит тускло...» 257
«Глупое сердце, не бейся...» 258
«Голубая да веселая страна...» 260

ЧЕРНЫЙ ЧЕЛОВЕК

Черный человек (*поэма*) 263
«До свиданья, друг мой, до свиданья...» 270

ДЕРЕВЯННАЯ РУСЬ

В хате 273
Калики 274
«Черная, потом пропахшая выть!..» 275
«Край ты мой заброшенный...» 276
«По селу тропинкой кривенькой...» 277
«Заглушила засуха засевки...» 279
Голубень 281

КАКОЙ РАСКОЛ В СТРАНЕ

«Еще закон не отвердел...» (*Фрагмент из поэмы
   «Гуляй-поле»*) 287
Сорокоуст. 289
Песнь о хлебе 292
«...И у нас биржевая клоака...» (*Фрагмент
   из драматической поэмы «Страна негодяев»*) . . . 294
Русь уходящая 296

Папиросники 300
Русь советская 301
Возвращение на родину 305
АННА СНЕГИНА (поэма) 311

ПУШКИНУ

Пушкину 339
Мой путь (*фрагмент*) 340
Я, ЕСЕНИН СЕРГЕЙ (биография в фотографиях) . . . 343
«Несказанное, синее, нежное...» 372

Все права защищены. Книга или любая ее часть не может быть скопирована, воспроизведена в электронной или механической форме, в виде фотокопии, записи в память ЭВМ, репродукции или каким-либо иным способом, а также использована в любой информационной системе без получения разрешения от издателя. Копирование, воспроизведение и иное использование книги или ее части без согласия издателя является незаконным и влечет уголовную, административную и гражданскую ответственность.

Литературно-художественное издание

Есенин Сергей Александрович

СТИХОТВОРЕНИЯ

Ответственный редактор *Н. Розман*
Художественные редакторы *И. Сауков, А. Новиков*
Технический редактор *О. Лёвкин*
Компьютерная верстка *Е. Кумшаева*
Корректор *Н. Гайдукова*

ООО «Издательство «Эксмо»
123308, Россия, Москва, ул. Зорге, д. 1. Тел.: 8 (495) 411-68-86.
Home page: www.eksmo.ru   E-mail: info@eksmo.ru
Өндіруші: «ЭКСМО» АҚБ Баспасы, 123308, Мәскеу, Ресей, Зорге көшесі, 1 үй.
Тел.: 8 (495) 411-68-86.
Home page: www.eksmo.ru   E-mail: info@eksmo.ru
Тауар белгісі: «Эксмо»
Интернет-магазин : www.book24.ru

Интернет-магазин : www.book24.kz
Интернет-дүкен : www.book24.kz
Импортёр в Республику Казахстан ТОО «РДЦ-Алматы».
Қазақстан Республикасындағы импорттаушы «РДЦ-Алматы» ЖШС.
Дистрибьютор и представитель по приему претензий на продукцию,
в Республике Казахстан: ТОО «РДЦ-Алматы»
Қазақстан Республикасында дистрибьютор және өнім бойынша арыз-талаптарды
қабылдаушының өкілі «РДЦ-Алматы» ЖШС,
Алматы қ., Домбровский көш., 3«а», литер Б, офис 1.
Тел.: 8 (727) 251-59-90/91/92; E-mail: RDC-Almaty@eksmo.kz
Өнімнің жарамдылық мерзімі шектелмеген.
Сертификация туралы ақпарат сайтта: www.eksmo.ru/certification
Сведения о подтверждении соответствия издания согласно законодательству РФ
о техническом регулировании можно получить на сайте Издательства «Эксмо»
www.eksmo.ru/certification
Өндірген мемлекет: Ресей. Сертификация қарастырылмаған

Подписано в печать 02.07.2019. Формат 70x100 $^1/_{32}$.
Гарнитура «Петербург». Печать офсетная. Усл. печ. л. 15,56.
Доп. тираж 2000 экз. Заказ № 6443.

Отпечатано с готовых файлов заказчика
в АО «Первая Образцовая типография»,
филиал «УЛЬЯНОВСКИЙ ДОМ ПЕЧАТИ»
432980, Россия, г. Ульяновск, ул. Гончарова, 14

16+

В электронном виде книги издательства вы можете купить на **www.litres.ru**

Москва. ООО «Торговый Дом «Эксмо»
Адрес: 123308, г. Москва, ул. Зорге, д.1.
Телефон: +7 (495) 411-50-74. **E-mail:** reception@eksmo-sale.ru

По вопросам приобретения книг «Эксмо» зарубежными оптовыми
покупателями обращаться в отдел зарубежных продаж ТД «Эксмо»
E-mail: international@eksmo-sale.ru

*International Sales: International wholesale customers should contact
Foreign Sales Department of Trading House «Eksmo» for their orders.*
international@eksmo-sale.ru

По вопросам заказа книг корпоративным клиентам, в том числе в специальном
оформлении, обращаться по тел.: +7 (495) 411-68-59, доб. 2261.
E-mail: ivanova.ey@eksmo.ru

Оптовая торговля бумажно-беловыми
и канцелярскими товарами для школы и офиса «Канц-Эксмо»:
Компания «Канц-Эксмо»: 142702, Московская обл., Ленинский р-н, г. Видное-2,
Белокаменное ш., д. 1, а/я 5. Тел./факс: +7 (495) 745-28-87 (многоканальный).
e-mail: kanc@eksmo-sale.ru, сайт: www.kanc-eksmo.ru

Филиал «Торгового Дома «Эксмо» в Нижнем Новгороде
Адрес: 603094, г. Нижний Новгород, улица Карпинского, д. 29, бизнес-парк «Грин Плаза»
Телефон: +7 (831) 216-15-91 (92, 93, 94). **E-mail:** reception@eksmonn.ru

Филиал ООО «Издательство «Эксмо» в г. Санкт-Петербурге
Адрес: 192029, г. Санкт-Петербург, пр. Обуховской обороны, д. 84, лит. «Е»
Телефон: +7 (812) 365-46-03 / 04. **E-mail:** server@szko.ru

Филиал ООО «Издательство «Эксмо» в г. Екатеринбурге
Адрес: 620024, г. Екатеринбург, ул. Новинская, д. 2щ
Телефон: +7 (343) 272-72-01 (02/03/04/05/06/08)

Филиал ООО «Издательство «Эксмо» в г. Самаре
Адрес: 443052, г. Самара, пр-т Кирова, д. 75/1, лит. «Е»
Телефон: +7 (846) 207-55-50. **E-mail:** RDC-samara@mail.ru

Филиал ООО «Издательство «Эксмо» в г. Ростове-на-Дону
Адрес: 344023, г. Ростов-на-Дону, ул. Страны Советов, 44А
Телефон: +7(863) 303-62-10. **E-mail:** info@rnd.eksmo.ru

Филиал ООО «Издательство «Эксмо» в г. Новосибирске
Адрес: 630015, г. Новосибирск, Комбинатский пер., д. 3
Телефон: +7(383) 289-91-42. **E-mail:** eksmo-nsk@yandex.ru

Обособленное подразделение в г. Хабаровске
Фактический адрес: 680000, г. Хабаровск, ул. Фрунзе, 22, оф. 703
Почтовый адрес: 680020, г. Хабаровск, А/Я 1006
Телефон: (4212) 910-120, 910-211. **E-mail:** eksmo-khv@mail.ru

Филиал ООО «Издательство «Эксмо» в г. Тюмени
Центр оптово-розничных продаж Cash&Carry в г. Тюмени
Адрес: 625022, г. Тюмень, ул. Пермякова, 1а, 2 этаж. ТЦ «Перестрой-ка»
Ежедневно с 9.00 до 20.00. Телефон: 8 (3452) 21-53-96

Республика Беларусь: ООО «ЭКСМО АСТ Си энд Си»
Центр оптово-розничных продаж Cash&Carry в г. Минске
Адрес: 220014, Республика Беларусь, г. Минск, проспект Жукова, 44, пом. 1-17, ТЦ «Outleto»
Телефон: +375 17 251-40-23; +375 44 581-81-92
Режим работы: с 10.00 до 22.00. **E-mail:** exmoast@yandex.by

Казахстан: «РДЦ Алматы»
Адрес: 050039, г. Алматы, ул. Домбровского, 3А
Телефон: +7 (727) 251-58-12, 251-59-90 (91,92,99). **E-mail:** RDC-Almaty@eksmo.kz

Украина: ООО «Форс Украина»
Адрес: 04073, г. Киев, ул. Вербовая, 17а
Телефон: +38 (044) 290-99-44, (067) 536-33-22. **E-mail:** sales@forsukraine.com

Полный ассортимент продукции ООО «Издательство «Эксмо» можно приобрести в книжных
магазинах **«Читай-город»** и заказать в интернет-магазине: www.chitai-gorod.ru.
Телефон единой справочной службы: 8 (800) 444-8-444. Звонок по России бесплатный.

Интернет-магазин ООО «Издательство «Эксмо»
www.book24.ru
Розничная продажа книг с доставкой по всему миру.
Тел.: +7 (495) 745-89-14. E-mail: imarket@eksmo-sale.ru